职业技能等级认定考核指南

保育员

（初级）

主　编　申　杰　高杰英
副主编　魏　东　陈思宇　庞　玲

中国劳动社会保障出版社

图书在版编目（CIP）数据

保育员：初级 / 雄县兴达职业培训学校，河北省职工教育和职业培训协会组织编写. -- 北京：中国劳动社会保障出版社，2023
职业技能等级认定考核指南
ISBN 978-7-5167-6089-5

Ⅰ.①保… Ⅱ.①雄…②河… Ⅲ.①幼教人员 – 职业技能 – 鉴定 – 自学参考资料 Ⅳ.①G615

中国国家版本馆 CIP 数据核字（2023）第 209683 号

中国劳动社会保障出版社出版发行

（北京市惠新东街 1 号　邮政编码：100029）

*

三河市华骏印务包装有限公司印刷装订　　新华书店经销

787 毫米 ×1092 毫米　16 开本　9 印张　128 千字
2023 年 11 月第 1 版　2023 年 11 月第 1 次印刷
定价：27.00 元

营销中心电话：400-606-6496
出版社网址：http://www.class.com.cn

版权专有　　侵权必究

如有印装差错，请与本社联系调换：（010）81211666
我社将与版权执法机关配合，大力打击盗印、销售和使用盗版图书活动，敬请广大读者协助举报，经查实将给予举报者奖励。
举报电话：（010）64954652

编写说明

在河北省职业技能鉴定指导中心的指导下,雄县兴达职业培训学校、河北省职工教育和职业培训协会组织相关专家编写了保育员职业技能等级认定考核指南(以下简称保育员考核指南)。保育员考核指南共三本,分别为《保育员(初级)》《保育员(中级)》《保育员(高级)》。各级别保育员考核指南均包括以下三部分内容。

第一部分:理论知识考核指南。本部分包括考核要点、重点复习提示、理论知识辅导练习题、参考答案。

第二部分:操作技能考核指南。本部分包括考核内容层次结构表、考核要素细目表和操作技能辅导练习题、参考答案。

第三部分:模拟试卷。本部分包括理论知识考核模拟试卷、操作技能考核模拟试卷及参考答案。

保育员考核指南适用于保育员职业技能等级认定培训和考核复习,为考生掌握重点、理解难点、解析疑点提供具体的指导。由于时间仓促,不足之处在所难免,欢迎使用单位和个人提出宝贵意见和建议。

目 录

第一部分　理论知识考核指南

第一章　职业道德与职业守则 ················· 3
　　考核要点 ······································· 3
　　重点复习提示 ··································· 3
　　理论知识辅导练习题 ····························· 5
　　参考答案 ······································· 7

第二章　基础知识 ······························· 8
　　考核要点 ······································· 8
　　重点复习提示 ·································· 10
　　理论知识辅导练习题 ···························· 27
　　参考答案 ······································ 36

第三章　卫生管理 ······························ 38
　　考核要点 ······································ 38
　　重点复习提示 ·································· 38
　　理论知识辅导练习题 ···························· 41
　　参考答案 ······································ 46

第四章　生活管理 ······························ 47
　　考核要点 ······································ 47
　　重点复习提示 ·································· 48
　　理论知识辅导练习题 ···························· 53
　　参考答案 ······································ 66

第五章　配合教育······68
考核要点······68
重点复习提示······69
理论知识辅导练习题······75
参考答案······84

第二部分　操作技能考核指南

考核内容层次结构表······87
考核要素细目表······88
操作技能辅导练习题······93
参考答案······96

第三部分　模拟试卷

理论知识考核模拟试卷······117
理论知识考核模拟试卷参考答案······128
操作技能考核模拟试卷······129
操作技能考核模拟试卷参考答案······133

第一部分

理论知识考核指南

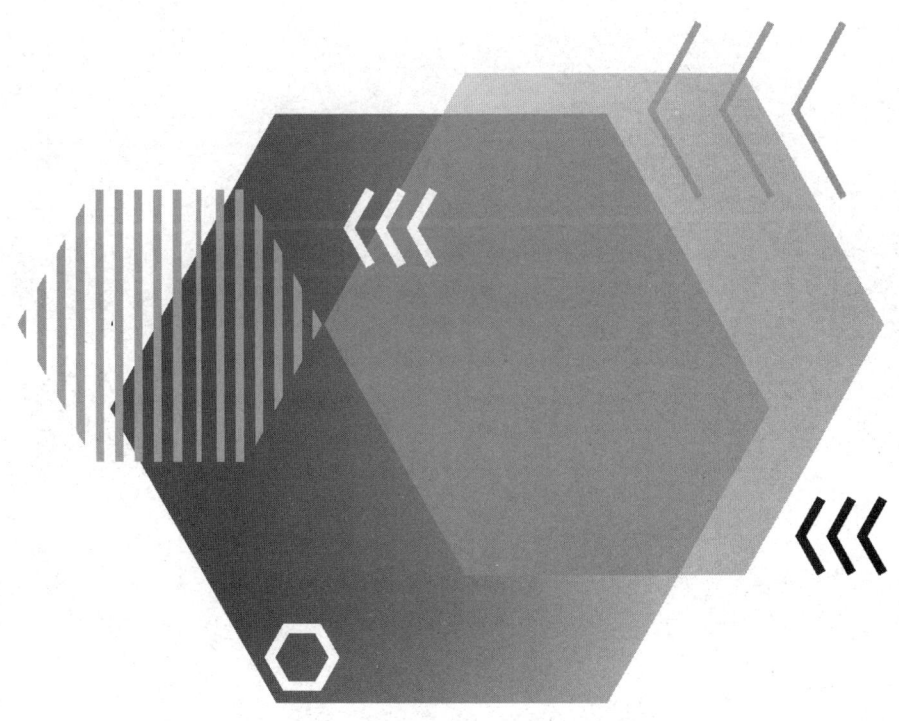

第一章 职业道德与职业守则

考核要点

考核范围	考核要点	重要程度
职业道德基本知识	1. 职业的概念	掌握
	2. 道德的概念	熟悉
	3. 职业道德的概念	熟悉
	4. 保育员职业道德的概念	掌握
	5. 保育员职业道德的基本内容	了解
	6. 保育员职业道德的意义	熟悉
保育员职业守则	1. 爱岗敬业,热爱幼儿	掌握
	2. 为人师表,遵纪守法	掌握
	3. 忠于职责,身心健康	掌握
	4. 积极进取,开拓创新	熟悉
	5. 尊重家长,热情服务	熟悉
	6. 文明礼貌,团结协作	熟悉

重点复习提示

一、职业道德基本知识

1. 职业的概念

职业是指人们利用专门的知识和技能参与社会分工,创造社会价值,获得合理报酬作为重要物质生活来源,并满足精神需求的工作。

2. 道德的概念

道德是指一定社会、一定阶级要求人们遵循的调整个人与个人之间以及个人与社会之间关系的行为准则和规范的总和。

3. 职业道德的概念

职业道德是指人们在从事某种职业、履行其职责过程中所必须遵循的行为准则和道德规范的总和。

4. 保育员职业道德的概念

保育员职业道德是指保育员在一定的职业道德知识、情感、意志、信念支配下而自觉遵循的行为准则和规范。

保育员的职业道德不是与生俱来的，而是经过培养和训练形成的一种良好的职业行为习惯。

5. 保育员职业道德的基本内容

保育员职业道德的基本内容包含两方面。首先，保育员作为一种职业，其职业道德的内容包括我国《新时代公民道德建设实施纲要》提出的职业道德的主要内容，即爱岗敬业、诚实守信、办事公道、服务群众、奉献社会。其次，保育员职业道德的内容还包括因其职业特殊性所要求的内容，即：爱岗敬业，热爱幼儿；为人师表，遵纪守法；积极进取，自我提高；尊重家长，尊重教师群体。

6. 保育员职业道德的意义

（1）保育员应具有高尚的职业道德是社会的要求。首先，职业道德是调节从业者与社会之间关系的基本手段。其次，职业道德是弘扬中华民族传统美德的需要。

（2）保育员应具有高尚的职业道德是其职业特点的要求。首先，保育员的职业功能要求其具备高尚的职业道德。其次，保育员的工作对象和工作环境要求其具备高尚的职业道德。

二、保育员职业守则

保育员职业守则的基本内容包括六个方面：爱岗敬业，热爱幼儿；为人师表，遵纪守法；忠于职责，身心健康；积极进取，开拓创新；尊重家长，热情服务；文明礼貌，团结协作。

1. 爱岗敬业，热爱幼儿

保育员应热爱学前教育事业、热爱保育工作、热爱幼儿，为学前教育事业奉献自己的聪明才智，对保育员工作有高度责任感、自豪感和光荣感，让每一个孩子都感受到温暖和幸福。

2. 为人师表，遵纪守法

保育员要具备良好的道德品质，自觉用师德规范自己的行为，自觉遵守法律法规及托幼机构的各项规章制度。

3. 忠于职责，身心健康

保育员要敬重自己的职业，忠于自己的岗位，以健康的身体和心理状态履行岗位职责。

4. 积极进取，开拓创新

保育员要结合工作，自觉更新知识结构、钻研业务，将理论和实践密切结合，将传承与发展相结合，促进幼儿健康发展。

5. 尊重家长，热情服务

保育员要利用多种途径与家长有效沟通，尊重家长需求，与家长积极配合共同促进幼儿健康发展。

6. 文明礼貌，团结协作

保育员要仪表端庄、举止得体，在团队工作中讲究团结友爱、互相合作。

理论知识辅导练习题

一、单项选择题（选择一个正确的答案，将相应的字母填入题内的括号中）

1. 某市一位幼儿园保教人员，在短短十几分钟时间里，狂扇一个女童几十个耳光，这一事件违背了保育员职业道德中（　　）的基本要求。

A. 照顾幼儿，指导幼儿　　B. 丰富专业能力和能力

C. 热爱幼儿，教育幼儿　　　　D. 丰富知识，教育幼儿

2. 爱岗敬业、热爱幼儿是保育员（　　）内容之一。

　A. 职业守则　　　　　　　　B. 职业道德

　C. 道德　　　　　　　　　　D. 职业修养

3. 职业是人们在社会中所从事的，并以此为生的具有特定职责的（　　）。

　A. 工作　　　　　　　　　　B. 活动

　C. 专门性活动　　　　　　　D. 特殊活动

4. 保育员要爱岗敬业，这要求保育员在幼儿园（　　）。

　A. 直观形象进地行集体教育

　B. 只做好保育员的工作

　C. 既热爱幼儿又全心投入工作

　D. 把个人所有的精力投入到工作中来

5. 热爱幼儿要求保育员要完美地结合（　　），真正做到"俯下身来"与儿童互动。

　A. 知识与能力　　　　　　　B. 热爱与尊重

　C. 言传与身教　　　　　　　D. 动机与行为

6. 职业是人们在社会中所从事的，并（　　）具有特定职责的专门性活动。

　A. 能够创造一定效益的　　　B. 以此为生的

　C. 能获得一定报酬的　　　　D. 能取得一定成就的

7. 保育员的职业特点要求保育员与教师彼此配合，相互宽容，这体现了保育员职业守则中（　　）的要求。

　A. 尊重家长群体　　　　　　B. 尊重教师群体

　C. 团结协作　　　　　　　　D. 共同娱乐教育

8. 有创新意识，积极开展教育和科学研究，探索新的科学的教育模式，在实践中拓宽视野，在教学中实现自我更新、自我完善是（　　）的基本要求。

　A. 爱岗敬业，热爱幼儿　　　B. 文明礼貌，团结协作

　C. 积极进取，开拓创新　　　D. 为人师表，遵纪守法

二、判断题（将判断结果填入括号中，正确的填"√"，错误的填"×"）

1. 职业道德是指人们在履行职业职责的过程中，在思想和行为上所必须遵循的道德规范。（   ）

2. 保教结合要求保育员做好保育工作，教师做好教育工作。（   ）

3. 教书育人是保育员岗位职责的基本要求。（   ）

4. 保育员在施教的过程中加强与家长的交流与沟通是文明礼貌、团结协作的基本要求之一。（   ）

5. 保育员的职业道德不是与生俱来的，但也无须经过培养和训练就可形成。（   ）

6. 职业是人们在社会中所从事的不同性质、不同内容、不同形式、不同操作的活动。（   ）

7. 保育员的品德对幼儿品德的培养起着至关重要的作用。（   ）

8. 只要保育员能像母亲一样热爱孩子就一定能做好保育工作。（   ）

参 考 答 案

一、单项选择题

1. C   2. A   3. C   4. C   5. B   6. B   7. C   8. C

二、判断题

1. ×   2. ×   3. √   4. ×   5. ×   6. ×   7. ×   8. ×

第二章 基 础 知 识

考 核 要 点

考核范围	考核要点	重要程度
婴幼儿生理卫生知识	1. 婴幼儿运动系统的特点	掌握
	2. 婴幼儿运动系统的保育要点	掌握
	3. 婴幼儿呼吸系统的特点	熟悉
	4. 婴幼儿呼吸系统的保育要点	掌握
	5. 婴幼儿循环系统的特点	熟悉
	6. 婴幼儿循环系统的保育要点	熟悉
	7. 婴幼儿消化系统的特点	熟悉
	8. 婴幼儿消化系统的保育要点	熟悉
	9. 婴幼儿泌尿系统的特点	熟悉
	10. 婴幼儿泌尿系统的保育要点	熟悉
	11. 婴幼儿内分泌系统的特点	熟悉
	12. 婴幼儿内分泌系统的保育要点	熟悉
	13. 婴幼儿神经系统的特点	熟悉
	14. 婴幼儿神经系统的保育要点	熟悉
	15. 婴幼儿皮肤的特点	熟悉
	16. 婴幼儿皮肤的保育要点	熟悉
	17. 婴幼儿眼部的特点	熟悉
	18. 婴幼儿眼部的保育要点	熟悉
	19. 婴幼儿耳部的特点	熟悉
	20. 婴幼儿耳部的保育要点	熟悉
	21. 婴幼儿高烧的护理	掌握

续表

考核范围	考核要点	重要程度
婴幼儿生理卫生知识	22. 婴幼儿腹泻的护理	掌握
	23. 婴幼儿预防接种的护理	掌握
	24. 婴幼儿蛔虫病的预防	掌握
婴幼儿心理学知识	1. 影响婴幼儿心理发展的因素	掌握
	2. 婴幼儿心理发展的一般特征	掌握
	3. 婴幼儿注意的发展	掌握
	4. 婴幼儿感知觉的发展	熟悉
	5. 婴幼儿记忆的发展	熟悉
	6. 婴幼儿想象的发展	熟悉
	7. 婴幼儿思维的发展	熟悉
	8. 婴幼儿语言的发展	熟悉
	9. 婴幼儿情绪情感的发展	熟悉
	10. 婴幼儿理智感的发展	熟悉
	11. 婴幼儿社会性的发展	熟悉
	12. 婴幼儿自我意识与个性倾向性的发展	熟悉
	13. 婴幼儿气质、性格、能力的发展	熟悉
	14. 幼儿攻击行为	掌握
	15. 0~1岁婴儿心理保健	熟悉
	16. 1~3岁幼儿心理保健	熟悉
	17. 3~6岁幼儿心理保健	熟悉
	18. 幼儿的告状行为	掌握
	19. 婴幼儿的恐惧	掌握
	20. 婴幼儿的焦虑	掌握
	21. 婴幼儿的暴怒发作	了解
	22. 婴幼儿的梦魇	了解
	23. 婴幼儿的夜惊	了解
	24. 婴幼儿口吃	了解
	25. 婴幼儿的语言发育迟缓	了解
	26. 婴幼儿咬指甲	了解
	27. 婴幼儿习惯性阴部摩擦	了解
	28. 儿童自闭症	了解

续表

考核范围	考核要点	重要程度
学前教育知识	1. 幼儿教育的概念、性质和目标	掌握
	2. 科学的儿童观	掌握
	3. 国外学前教育思想	熟悉
	4. 我国学前教育思想	熟悉
	5. 学前教育的一般性原则	熟悉
	6. 学前教育的特殊原则	熟悉
	7. 学前教育的基本特点	熟悉
	8. 幼小衔接的含义	了解
	9. 幼小衔接的教育	了解
	10. 幼儿园的性质与任务	掌握
	11. 幼儿园的保教目标	掌握
	12. 幼儿园教育工作的原则	掌握
	13. 亲子园的功能	了解
相关法律、法规及政策知识	1.《中华人民共和国教育法》相关知识	掌握
	2.《中华人民共和国教师法》相关知识	掌握
	3.《中华人民共和国未成年人保护法》相关知识	掌握
	4.《中华人民共和国预防未成年人犯罪法》相关知识	掌握
	5.《国家中长期教育改革和发展规划纲要（2010—2020年）》相关知识	了解
	6.《幼儿园工作规程》相关知识	熟悉
	7.《儿童权利公约》相关知识	了解

重点复习提示

一、婴幼儿生理卫生知识

1. 婴幼儿运动系统的特点

婴幼儿前囟门大都在12~18个月时闭合，后囟门一般在6~8周闭合，最晚在2~4个月闭合。

新生儿期的脊柱几乎是直的。生理弯曲是伴随着动作发育形成的。

婴幼儿期腕部逐渐发育，8块腕骨骨化中心依次出现，到10~13岁才能全部钙化。

婴幼儿关节窝浅，关节附近韧带较松，不当牵拉容易使关节脱臼。

2. 婴幼儿运动系统的保育要点

婴幼儿的骨骼弹性大、硬度小，容易因不正确的姿势或其他原因导致骨骼变形，因此应注意正确体姿，保护与锻炼并重。

3. 婴幼儿呼吸系统的特点

婴幼儿鼻腔狭窄，易发生鼻塞；咽部淋巴组织丰富，易患扁桃体炎；喉腔狭窄，喉软骨柔软，容易引起发炎肿胀，发生呼吸困难；声带短而薄，声门肌肉娇嫩，容易疲劳；气管、支气管管腔狭窄，软骨柔软，易引起感染；肺部血管丰富，整个肺脏含气少而含血多，易受感染而产生炎症；胸腔狭小，呼吸肌不发达，以腹式呼吸为主，呼吸浅而快。

4. 婴幼儿呼吸系统的保育要点

（1）培养婴幼儿用鼻呼吸的习惯。

（2）培养婴幼儿正确清理鼻部卫生的习惯。

（3）保持室内空气新鲜。

（4）培养婴幼儿正确的体态。

（5）保证婴幼儿充足的体育锻炼和户外活动时间。

（6）保护婴幼儿的声带。

5. 婴幼儿循环系统的特点

婴幼儿的心脏相对于成人体积大，心壁较薄，收缩能力差；动脉内径相对于成人宽，动脉、静脉的口径相差较小；毛细血管丰富，血流量大，供氧充足；血管相对成人较短；血管壁薄，弹性较小。年龄越小，其每分钟心率、脉搏次数越多。血压较成人低，年龄越小，血压越低。血液成分与成年人不同，淋巴系统逐渐发育。

6. 婴幼儿循环系统的保育要点

（1）营养膳食，均衡摄入。

（2）保证有效的户外活动。

（3）要重视婴幼儿各部分脏器的发育过程。

（4）婴幼儿的衣着要舒适。

7. 婴幼儿消化系统的特点

婴幼儿的乳牙一般在 6~8 个月时萌出，2 岁半左右出齐，共 20 颗。乳牙易生龋齿。婴幼儿食道短而窄，管壁较薄且弹性较差，易受损伤。胃肠的消化、吸收能力较弱，易发生肠道功能紊乱。结肠壁薄，易发生肠套叠和脱肛。由于婴幼儿尚未养成吞咽唾液的习惯，口腔较浅，会出现生理性流涎。肝脏分泌胆汁较少，饥饿时容易出现低血糖。肝脏抵抗感染的能力较低。

8. 婴幼儿消化系统的保育要点

（1）培养餐后漱口、每日刷牙的生活习惯。

（2）做好乳牙定期检查、预防疾病。

（3）培养良好的饮食习惯。

（4）让婴幼儿进餐时保持愉快情绪。

（5）培养定时排便的习惯。

9. 婴幼儿泌尿系统的特点

婴幼儿肾脏的调节机制不成熟，易出现肾功能紊乱。膀胱容量小，黏膜柔嫩，储尿功能差，年龄与排尿次数成反比。尿道较短，与外界相通，易发生尿路感染。输尿管长而弯曲，易发生尿路梗阻。

10. 婴幼儿泌尿系统的保育要点

（1）每天多次提醒婴幼儿足量饮水。

（2）培养婴幼儿定时排尿的习惯。

（3）按需给婴幼儿清洗外阴。

（4）尽早不穿开裆裤。

11. 婴幼儿内分泌系统的特点

生长激素的分泌与生长速度相关。甲状腺激素分泌紊乱会导致矮小症或基础代谢过旺。

12. 婴幼儿内分泌系统的保育要点

（1）保证婴幼儿有充足的睡眠。

（2）防治婴幼儿碘缺乏症，科学补碘。

13. 婴幼儿神经系统的特点

婴幼儿神经系统发育迅速、神经髓鞘化。高级神经活动的抑制过程相对不够完善，兴奋过程强于抑制过程。神经细胞较脆弱，很容易疲劳，也易恢复。

14. 婴幼儿神经系统的保育要点

（1）保证神经系统发育所需的营养。

（2）保证充足的睡眠。

（3）把控婴幼儿进行同一类型活动的时间。

（4）左右脑均衡发展。

15. 婴幼儿皮肤的特点

婴幼儿的皮肤相对于成人保护功能较差、调温功能较差、渗透性较强。

16. 婴幼儿皮肤的保育要点

（1）培养良好的卫生习惯，注意保持皮肤清洁。

（2）参加户外活动，进行日光浴。

（3）注意衣着防护与卫生。

17. 婴幼儿眼部的特点

婴幼儿晶状体的弹性较好，眼球对环境因素敏感度较高。5岁前的婴幼儿有生理性远视。

18. 婴幼儿眼部的保育要点

（1）培养科学用眼习惯。

（2）培养良好的眼部清洁习惯。

（3）培养健康饮食的习惯。

（4）加强安全教育，预防眼外伤。

（5）定期检查视力。

19. 婴幼儿耳部的特点

婴幼儿耳郭皮下组织很少、血液循环差，外耳道比较狭窄、皮下组织少，易患冻疮、中耳炎。婴幼儿的听觉敏锐，对声音敏感。

20. 婴幼儿耳部的保育要点

（1）培养科学用耳习惯。

（2）定期清洁耳部。

（3）注意对婴幼儿进行听力监测。

（4）定期检查听力。

21. 婴幼儿高烧的护理

（1）婴幼儿体温达 37.5 ℃为发烧。对于患儿需每隔 2 h 监测一次体温。

（2）可采用冷敷法进行物理降温。

（3）服退烧药需遵医嘱。

22. 婴幼儿腹泻的护理

（1）加强腹部保暖。

（2）注意清洗臀部。

（3）无须禁食。

（4）可以口服补液盐。

23. 婴幼儿预防接种的护理

（1）接种前做好皮肤清洁，正常饮食。

（2）接种后做好留观，避免着凉。

（3）若出现局部红肿疼痛等，一般第二天可恢复正常。若出现高烧应及时就医。

24. 婴幼儿蛔虫病的预防

（1）培养良好的生活卫生习惯。

（2）做好环境卫生清洁工作。

（3）可在秋季进行集体驱蛔虫。

（4）发现蛔虫病应及时治疗。

二、婴幼儿心理学知识

1. 影响婴幼儿心理发展的因素

影响婴幼儿心理发展的因素有很多，包括遗传、生理、环境、教育、个人需要、兴趣爱好、能力、性格、行为习惯、自我意识等。影响婴幼儿心理发展的因素是比较复杂的，各种因素也是相互影响、共同作用的。

2. 婴幼儿心理发展的一般特征

（1）婴幼儿心理随年龄增长而逐渐发展。

（2）婴幼儿的认识活动以具体形象性为主，开始向抽象逻辑性发展。

（3）婴幼儿的心理活动以无意性为主，开始向有意性发展。

（4）婴幼儿的情感由易变、外露开始向稳定和有意控制发展。

（5）婴幼儿的个性开始形成，向稳定倾向性发展。

（6）婴幼儿动作发展的一般规律是从整体混乱的动作到局部的、准确的和专门化的动作，从上部动作到下部动作，从粗大动作到精细动作，从无意动作到有意动作。

3. 婴幼儿注意的发展

刺激比较强烈、对比鲜明、新异和变化多动的事物以及与婴幼儿兴趣、需要和生活经验有关系的事物容易引起婴幼儿的无意注意。生活中注意对象的特点、婴幼儿的身体状况等因素都会影响婴幼儿的注意稳定性。

引起婴幼儿注意的措施有交替性进行各种活动、科学作息和减少无关刺激的干扰。

4. 婴幼儿感知觉的发展

感知觉在婴幼儿的认识活动中占重要地位，其记忆、思维等均直接依赖于感知的具体材料。婴幼儿的情绪和意志行为也常常受到直接感知的影响而变化。

5. 婴幼儿记忆的发展

婴幼儿记忆以无意记忆为主，有意记忆逐步发展；以形象记忆为主，语词逻辑记忆逐步发展。当幼儿回忆时，他们会想起和这件东西同时出现的其他东西。

6. 婴幼儿想象的发展

想象是婴幼儿创造思维发展的核心，能够帮助婴幼儿掌握抽象的概念，理解较为复杂的知识，创造性地完成学习任务。婴幼儿的想象以无意想象为主，有意想象逐步发展；以再造想象为主，创造想象逐步发展；会出现将想象和现实混淆的现象，因此会被人们误认为在"说谎"。

7. 婴幼儿思维的发展

婴幼儿思维以具体形象思维为主要特征。婴幼儿初期的思维仍具有一定的直观行动性，晚期是抽象逻辑思维发展的萌芽期。

婴幼儿具体形象思维的主要特点有具体性、形象性、经验性、拟人性、表面性、固定性。婴幼儿对事物的判断、推理往往不合逻辑，他们往往会把直接观察到的表面现象或事物之间偶然的外部联系作为判断事物的依据，会以自身的生活经验作为判断、推理的依据。婴幼儿对事物的理解常常是孤立的，不能发现事物之间的内在关系，同时理解是表面的。

8. 婴幼儿语言的发展

生理、心理和社会因素都会影响婴幼儿语言的发展。语言发展的过程是婴幼儿语言主动建构的过程，是婴幼儿语言个性化、综合化的过程，是循序渐进、逐步积累的过程。

9. 婴幼儿情绪情感的发展

情绪易冲动、不稳定、外露性是婴幼儿情绪情感发展的特点。情绪情感在婴幼儿心理发展中起到了动机、组织、信号和感染的作用。

10. 婴幼儿理智感的发展

好奇、好问是婴幼儿理智感的特殊表现形式。婴幼儿理智感的另一种表现形式是与动作相联系的"破坏"行为。

11. 婴幼儿社会性的发展

婴幼儿社会性发展的内容包括人际关系的建立、性别行为的发展、亲社会行为的发展和攻击行为的发展。安全的依恋有助于幼儿进行积极的探索，婴儿期的依恋质量会影响到幼儿的同伴关系。民主型的亲子关系最有益于婴幼儿个性的良好发展。同伴交往可以满足婴幼儿归属、爱以及尊重的需要，可以促进亲社会行为的发展；可以促进婴幼儿思维的发展，对婴幼儿的社会适应性及心理健康具有重要影响。亲社会行为的形成以道德认识和道德情感体验的发展为前提。亲社会行为的发展是婴幼儿道德发展的核心问题。

12. 婴幼儿自我意识与个性倾向性的发展

幼儿在2~3岁的时候，掌握代名词"我"，是其自我意识萌芽的最重要的标志。婴幼儿自我评价主要依赖他人的口头评价，带有主观情绪性，具有笼统性、片面性和表面性。易受暗示是婴幼儿自我体验最明显的特点。婴幼儿自我控制能力的发展主要表现在独立性、坚持性和自制力方面。

13. 婴幼儿气质、性格、能力的发展

气质主要表现在心理活动的速度、强度及灵活性上。婴儿从出生起就表现出明显的气质差异。婴幼儿性格的年龄特征是活泼好动，喜欢交往，好奇好问，模仿性强，好冲动。婴幼儿的性格可塑性强，性格发展更易受情境制约。

14. 幼儿攻击行为

幼儿攻击行为主要表现为为了玩具和其他物品而争吵、打架，尤其是为了直接争夺或破坏玩具、物品。他们更多依靠身体的攻击。男孩往往比女孩更易卷入攻击性事件。父母的惩罚、榜样、强化和挫折都是影响幼儿攻击行为的因素。

15. 0~1岁婴儿心理保健

（1）0~3个月的婴儿以睡眠为主，主要靠耳、口等器官认识事物。丰富环境布置，让婴儿经常接受各种视觉和听觉刺激并受到亲人照顾，有利于促进孩子神经系统的成熟、心理的发展。

（2）3~6个月的婴儿视、听能力比前期有所发展。此时教养人员要多逗引孩子玩，经常带孩子到室外，多与孩子"说话"。

（3）6~9个月的婴儿开始练习站、坐、转等动作。教养人员可以给孩子一些颜色、质地合适的玩具，和孩子一起玩耍，并用正确的语言进行交谈。

（4）9~12个月的婴儿开始用双手扶着走路。教养人员要经常与孩子做游戏，多进行语言沟通。

16. 1~3岁幼儿心理保健

（1）1岁的幼儿，可以自如爬行、站立片刻甚至可以独立走几步。教养人员应为孩子提供一个安全的环境,让其自由探索并积极鼓励孩子自己动手。

（2）2岁的幼儿,开始学习、认识世界。这个阶段,教养人员应让孩子更多地参与日常活动。

（3）3岁的幼儿,开始模仿成人动作,参与游戏。在这个阶段,教养人员要以游戏者的身份与幼儿互动,尊重幼儿的游戏权。

17. 3~6岁幼儿心理保健

（1）要合理地满足幼儿的需要。

（2）要准确对幼儿进行表扬或批评。

（3）要让幼儿多与同伴相处。

（4）做好幼小衔接工作。

18. 幼儿的告状行为

婴幼儿期的道德感是不深刻的,大都是模仿成人、执行成人的口头要求,在集体活动中和在成人的道德评价的影响下逐渐发展起来的。幼儿的告状是其对他人行为的评价,是基于一定的道德标准产生的。

19. 婴幼儿的恐惧

婴幼儿的恐惧是指对特定的事物或情景产生过分或不合理的恐惧和回避反应。

行为主义学派认为,儿童恐惧是习得性的,由儿童从特殊的刺激获得的直接经验所致。心理学家班图拉等人提出,儿童的恐惧也可以由共鸣得到。

对恐惧的预防：鼓励幼儿去观察和分析各种自然现象；培养儿童良好的睡眠习惯；鼓励他们多参加集体活动,培养坚强的意志；必要时可以予以行为治疗。

20. 婴幼儿的焦虑

婴幼儿与亲人特别是父母分离时,往往会出现明显的焦虑情绪。预防及改善焦虑的方法包括改善儿童所处的环境,运用恰当的方式教育,通过交谈、鼓励的方式给予特别关心。

21. 婴幼儿的暴怒发作

婴幼儿暴怒发作是指幼儿在个人要求或欲望没有得到满足,或者在某些方面受到挫折时,出现哭闹、尖叫以及其他发泄不愉快情绪的过激行为。行为学派认为,婴幼儿暴怒发作是通过学习而产生的。预防和改善婴幼儿暴怒发作的方法包括从小培养婴幼儿讲道理、懂道理的品质，不要过于溺爱和迁就；让婴幼儿从小就开始懂得一些宣泄自己心理紧张的方法。

22. 婴幼儿的梦魇

婴幼儿梦魇是指以做噩梦为主要表现的一种睡眠障碍，多见于学前期儿童。梦魇的诱发因素有很多，例如，有的婴幼儿在发生梦魇以前有尚未解决的内心矛盾或躯体疾病，有的婴幼儿则由于睡眠和饮食上的不良习惯。婴幼儿梦魇的预防措施有：消除内心矛盾冲突，缓解紧张情绪；养成生活的规律性；必要时可以予以行为治疗。

23. 婴幼儿的夜惊

夜惊是婴幼儿期的一种睡眠障碍，与情绪紧张有密切的关系，以5～7岁的儿童较为多见，男性儿童的发生率高于女性儿童。夜惊多由心理因素所致，儿童患有蛲虫等寄生虫病也可导致夜惊。随着年龄的增长，大多数儿童的夜惊会自行消失。

预防及改善夜惊的方法主要是消除产生夜惊的心理诱因，缓解紧张情绪。

24. 婴幼儿口吃

口吃是婴幼儿成长过程中的正常语言现象。教养人员应正确对待婴幼儿说话时不流畅的现象，消除环境中令婴幼儿紧张的因素；成人应用平静的语气和婴幼儿对话。

25. 婴幼儿的语言发育迟缓

语言发育迟缓的婴幼儿口语明显落后于同龄婴幼儿。有的表现为讲话词不达意或构音不清。其成因多为缺少言语刺激或机体疾病等。预防及矫正措施包括加强语言刺激和神经营养治疗，促进大脑发育。

26. 婴幼儿咬指甲

咬指甲表现为经常不由自主地咬去长出的指甲，甚至吃掉指甲，3～6岁幼儿发病率较高。儿童咬指甲是为了缓解心理紧张或者是模仿父母或同伴的行为。预防和纠正可以从消除引起儿童精神压力的因素入手。

27. 婴幼儿习惯性阴部摩擦

习惯性阴部摩擦的成因包括阴部不洁或疾病引起瘙痒，因摩擦止痒逐渐养成习惯。不当的教育方法会强化婴幼儿偶然的行为。预防措施有：每天保持阴部清洁和干燥，培养婴幼儿上床就入睡、醒来就起床的习惯，养成正确睡姿，注意适宜穿着，发现疾病及时治疗。

28. 儿童自闭症

自闭症通常在患者3岁以前就表现出来。一般从婴儿期开始出现并一直延续。自闭症的病因目前尚未完全明确。对于自闭症的矫治，一方面可以让其参加集体活动，另一方面让儿童学会自己的事情自己做，锻炼儿童的意志力。减少自闭症危害的最好办法就是早发现、早干预。

三、学前教育知识

1. 幼儿教育的概念、性质和目标

广义的幼儿教育是指影响幼儿身体成长和认知、情感、个性、社会性等方面发展的一切活动的总和。狭义的幼儿教育特指幼儿园或其他教育机构的教育。《幼儿园工作规程》明确指出，幼儿园是对3周岁以上学龄前幼儿实施保育和教育的机构。幼儿教育的性质是公益性和基础性。我国幼儿教育的目标是促进幼儿体、智、德、美全面发展，促进其身心和谐发展。

2. 科学的儿童观

（1）儿童拥有各种合法的权利。

（2）儿童的发展是生物因素和社会因素多层次的相互结合、相互作用的过程。

（3）儿童具有巨大的发展潜力。

（4）儿童的发展具有个体差异。

（5）儿童的发展是一个整体。

（6）儿童通过活动得到发展。

（7）儿童是自主建构的主体。

3. 国外学前教育思想

（1）古希腊哲学家柏拉图在西方教育史上第一次比较系统地对学前教育的问题进行了阐述，主张公养公育，并阐述了学前儿童游戏和故事材料选择的重要性。

（2）亚里士多德在教育史上第一个提出"教育要遵循自然"。

（3）捷克教育家夸美纽斯主张学前教育必须遵循幼儿的自然发展，感官教育是学前儿童进行学习的基础。

（4）英国洛克提出学前发展理论"白板说"。

（5）英国教育家卢梭的儿童观在历史上是一个转折、一个分水岭，认为"大自然希望儿童在成人以前就要像儿童的样子，儿童是有他独有的看法、见解和感情的"。

（6）瑞士教育家裴斯泰洛齐在教育史上第一个提出"教育心理学化"。

（7）德国教育家福禄贝尔将学前教育理论从普通的教育学中分化出来，使之开始成为一门独立的学科。福禄贝尔被称为"幼儿园之父"。

（8）美国教育家杜威提出"儿童中心（学生中心）""活动中心""经验中心"的"新三中心论"。

（9）瑞士心理学家皮亚杰，认为发展有四个条件，即成熟、实际经验、社会环境的作用和平衡化，首次提出了心理发展的阶段理论，同时划分心理发展的四个阶段，极大地丰富和深化了儿童心理学的研究。

（10）意大利幼儿教育家蒙台梭利创立了"儿童之家"蒙台梭利教育法，倡导学校应为儿童量身定做的环境，并提出吸收性心智、敏感期等概念。

4. 我国学前教育思想

（1）陶行知，我国伟大的人民教育家。他普及幼儿教育，开拓农村幼儿教育事业，主张建立中国化和平民化的幼儿教育，建立了我国第一个乡村幼稚园——南京燕子矶幼稚园。还创立了乡村幼稚师范教育、农村幼儿教育研究会等。提出了生活教育的三大主张，即"生活即教育""社会即学校""教学做合一"。

（2）张雪门的基本教育思想是儿童身心发展与社会环境相统一，认为儿童身心不能自己单独发展，全靠对周围环境的反应。他主张幼稚园的课程范围很大，包括技能、知识、兴趣、道德、体力、风俗及种种经验；教材应取材于儿童的生活，并适应社会生活。

（3）陈鹤琴，著名儿童教育家。他于1923年创办了我国最早的幼儿教育实验中心——南京鼓楼幼稚园。创立了"活教育"，提出"五指教学法"。活教育理论体系包括三大纲领——目的论、课程论、方法论，教学原则和训育原则。

5. 学前教育的一般性原则

尊重儿童人格尊严和合法权利的原则；发展适宜性原则；目标性原则；主体性原则；科学性、思想性原则；充分挖掘教育资源，坚持开放办学的原则；整合性原则。

6. 学前教育的特殊原则

（1）保教合一的原则。保育和教育是托幼机构两大方面的工作。保育和教育工作相互联系、相互渗透。

（2）以游戏为基本活动的原则。游戏是儿童最好的一种学习方式。游戏是内容和形式的结合。

（3）教育的活动性和直观性原则。

（4）生活化和一日生活的整合性原则。教育生活化，生活教育化，发挥一日生活的整体功能。

7. 学前教育的基本特点

（1）学前教育的非义务性。

（2）学前教育是保教结合。

（3）学前教育的启蒙性。

（4）学前教育的直接经验性。

8. 幼小衔接的含义

幼小衔接是指为了促进幼儿的健康成长，幼儿园和小学通过创造良好的条件，做好一系列的工作，帮助幼儿实现从幼儿教育阶段到小学阶段的顺利过渡，并取得良好教育效果的过程。

9. 幼小衔接的教育

幼小衔接帮助幼儿做好上小学的准备，有助于幼儿顺利适应小学的学习和生活，帮助幼儿做好入学前的准备，包括学习适应方面的准备及社会适应方面的准备（规则意识与遵守规则的能力、独立意识与独立完成任务的能力，以及主动性、人际交往能力等），使幼儿进入小学后在身体、情感、社会适应和学习适应等方面都有良好的发展，从而顺利实现由幼儿园向小学的过渡。

10. 幼儿园的性质与任务

幼儿园的性质由《幼儿园工作规程》第 2 条明确规定：幼儿园是对 3 周岁以上学龄前幼儿实施保育和教育的机构，是基础教育的重要组成部分，是学校教育制度的基础阶段。《幼儿园工作规程》第 3 条规定幼儿园的任务是：按照保育与教育相结合的原则，对幼儿实施德、智、体、美等方面全面发展的教育，促进幼儿身心和谐发展。幼儿园同时为幼儿家长提供科学育儿指导。

11. 幼儿园的保教目标

《幼儿园工作规程》第 5 条规定了幼儿园保育和教育的主要目标：

（1）促进幼儿身体正常发育和机能的协调发展，增强体质，培养良好的生活习惯、卫生习惯和参加体育活动的兴趣。

（2）发展幼儿智力，培养正确运用感官和运用语言交往的基本能力，增进对环境的认识，培养有益的兴趣和求知欲望，培养初步的动手探究能力。

（3）萌发幼儿爱祖国、爱家乡、爱集体、爱劳动、爱科学的情感，培养诚实、自信、友爱、勇敢、勤学、好问、爱护公物、克服困难、讲礼貌、守纪律等良好的品德行为和习惯，以及活泼、开朗的性格。

（4）培养幼儿初步感受美和表现美的情趣和能力。

12. 幼儿园教育工作的原则

《幼儿园工作规程》第 25 条规定幼儿园教育工作的原则是：

（1）德、智、体、美等方面的教育应当互相渗透，有机结合。

（2）遵循幼儿身心发展规律，符合幼儿年龄特点，注重个体差异，因人施教，引导幼儿个性健康发展。

（3）面向全体幼儿，热爱幼儿，坚持积极鼓励、启发诱导的正面教育。

（4）综合组织健康、语言、社会、科学、艺术各领域的教育内容，渗透于幼儿一日生活的各项活动中，充分发挥各种教育手段的交互作用。

（5）以游戏为基本活动，寓教育于各项活动之中。

（6）创设与教育相适应的良好环境，为幼儿提供活动和表现能力的机会与条件。

13. 亲子园的功能

（1）对家庭教育进行指导。

（2）提供亲子双方在群体中进行互动的机会。

（3）提供儿童交往和多方面学习的机会。

（4）提供父母之间相互切磋和学习的机会。

四、相关法律、法规知识

1.《中华人民共和国教育法》相关知识

（1）中华人民共和国公民有受教育的权利和义务。

（2）国家通用语言文字为学校及其他教育机构的基本教育教学语言文字。（民族自治地方以少数民族学生为主的学校及其他教育机构，从实际出发可以实施双语教育）

（3）国务院和地方各级人民政府根据分级管理、分工负责的原则，领导和管理教学教育工作。

（4）国务院教育行政部门主管全国教育工作。县级以上各级人民政府教育行政部门主管本行政区域内的教育工作。

（5）国家实行学前教育、初等教育、中等教育、高等教育的学校教育制度。

国家实行九年制义务教育制度、职业教育制度和继续教育制度、国家教育考试制度、学业证书制度、学位制度、教育监督制度、教育评估制度。

（6）设立学校及其他教育机构的基本条件：

1）有组织机构和章程。

2）有合格的教师。

3）有符合规定标准的教学场所及设施、设备等。

4）有必备的办学资金和稳定经费来源。

2.《中华人民共和国教师法》相关知识

（1）受到剥夺政治权利或者故意犯罪受到有期徒刑以上刑事处罚的，不能取得教师资格；已经取得的，丧失教师资格。

（2）中小学教师资格由县级以上地方人民政府教育行政部门认定。

（3）教师有以下情形之一的，由所在学校、其他教育机构或教育行政部门给予行政处分或者解聘：故意不完成教育教学任务给教育教学工作造成损失的；体罚学生，经教育不改的；品行不良、侮辱学生，影响恶劣的。

（4）教师对学校或者其他教育机构侵犯其合法性权益的，或者对学校或者其他教育机构作出的处理不服的，可以向教育行政部门提出申诉，教育部门应当在接到申诉的 30 日内作出处理。

3.《中华人民共和国未成年人保护法》相关知识

（1）学校、幼儿园周边不得设置营业性娱乐场所、酒吧、互联网上网服务营业场所等不适宜未成年人活动的场所。

（2）对违法犯罪的未成年人，实行教育、感化、挽救的方针，坚持教育为主、惩罚为辅的原则。

4.《中华人民共和国预防未成年人犯罪法》相关知识

（1）预防未成年人犯罪，立足于教育和保护。

（2）未成年人的父母或者其他监护人对未成年人的预防犯罪教育负有直接责任。

（3）未成年学生旷课、逃学的，学校应当及时与其父母或其他监护人取得联系。

（4）收留夜不归宿、离家出走的未成年人，应当及时联系其父母或其他监护人无法取得联系的，应当及时向公安机关报告。

5.《国家中长期教育改革和发展规划纲要（2010—2020 年）》相关知识

（1）工作方针。把教育摆在优先发展的战略地位；把育人为本作为教育工作的根本要求；把改革创新作为教育发展的强大动力；把促进公平作为国家基本教育政策；把提高质量作为教育改革发展的核心任务。

（2）战略目标。到 2020 年，基本实现教育现代化，基本形成学习型社会，进入人力资源强国行列。

1）实现更高水平的普及教育。

2）形成惠及全民的公平教育。

3）提供更加丰富的优质教育。

4）构建体系完备的终身教育。

5）健全充满活力的教育体制。

（3）积极发展学前教育。到2020年，普及学前一年教育，基本普及学前两年教育，有条件的地区普及学前三年教育。重视0至3岁婴幼儿教育。

6.《幼儿园工作规程》相关知识

（1）幼儿园是对3周岁以上学龄前幼儿实施保育和教育的机构，是基础教育的重要组成部分，是学校教育制度的基础阶段。（适龄幼儿一般为3至6周岁）

（2）幼儿入园除进行健康检查外，禁止任何形式的考试或测查。

（3）正常情况下，幼儿户外活动时间（包括户外体育活动时间）每天不得少于2h，寄宿制幼儿园不得少于3h。

（4）幼儿园对幼儿每年体检一次，每半年测身高、视力一次，每季度量体重一次。

（5）未经监护人委托或者允许，幼儿园不得给幼儿用药。园内禁止吸烟、饮酒。

（6）幼儿园应当将游戏作为对幼儿进行全面发展教育的重要形式。品德教育应当以情感教育和培养良好行为习惯为主，注重潜移默化的影响，并贯穿于幼儿生活以及各项活动中。

（7）幼儿园园长负责幼儿园的全面工作。

7.《儿童权利公约》相关知识

（1）《儿童权利公约》建立的四项基本原则

1）儿童最大利益原则：旨在保护儿童权益，为世界各国儿童创建良好的成长环境。

2）尊重儿童权利原则：确保儿童的生命权、生存权和发展权的完整，最大限度地确保儿童的生存和发展。

3）无歧视原则：不管儿童的社会文化背景，出身高低，贫富，男女，正常儿童或残疾儿童，都应该得到平等对待，不受歧视和忽视。

4）尊重儿童意见的原则：任何事情只要涉及儿童，应当听取儿童的意见。

（2）四大权

1）生存权利，每个儿童都有其固有的生命权和健康权，包括有权接受可达到的最高标准的医疗服务。

2）受保护权，防止儿童受到歧视、虐待及疏忽照顾。

3）发展权，每位儿童都有权接受一切形式的教育。

4）参与权，儿童有参与社会生活的权利，并有权对影响他们的任何事情发表意见。

理论知识辅导练习题

一、单项选择题（选择一个正确的答案，将相应的字母填入题内的括号中）

1. 幼儿腕骨的骨化时间是（　　）岁。
   A. 2～2.5　　　B. 6～7　　　C. 6～13　　　D. 10～13
2. 使颌骨发育、面部和谐自然的方法是（　　）。
   A. 喝奶　　　B. 咀嚼　　　C. 吃流食　　　D. 咬硬物
3. 预防婴幼儿耳郭冻疮的方法是（　　）。
   A. 冬季户外活动戴帽子　　　B. 冬季户外活动不戴帽子
   C. 冬天不进行户外活动　　　D. 冬季不感冒
4. 母乳的营养价值高是因为（　　）。
   A. 乳凝块小、脂肪颗粒小、乳糖含量高
   B. 乳凝块大、脂肪颗粒大、乳糖含量高
   C. 乳凝块小、脂肪颗粒大、乳糖含量低
   D. 乳凝块小、脂肪颗粒小、乳糖含量低
5. 婴幼儿体温达（　　）℃为发烧。
   A. 36.8　　　B. 37　　　C. 37.2　　　D. 37.5
6. 婴幼儿正常的体温范围是（　　）℃。

A. 36~37.4　　B. 37.5~37.8　　C. 37~38　　D. 38~39

7. 婴幼儿好动不好静是因为（　　）。

　　A. 大脑皮层容易兴奋，容易抑制

　　B. 大脑皮层容易激动

　　C. 大脑皮层容易兴奋，不容易抑制

　　D. 大脑皮层容易疲劳

8. 婴幼儿耳郭容易生冻疮的原因是（　　）。

　　A. 脂肪多，血液循环快　　B. 脂肪少，血液循环快

　　C. 脂肪多，血液循环慢　　D. 脂肪少，血液循环慢

9. 维生素C主要来源于（　　）。

　　A. 谷类食物　　　　　　　B. 肉类食物

　　C. 新鲜蔬菜水果　　　　　D. 腌菜

10. 接种疫苗后，应组织幼儿进行（　　）活动。

　　A. 安静的　　B. 睡眠　　C. 剧烈　　D. 远足

11. 下列说法错误的是（　　）。

　　A. 幼儿应该用好听的声音说话，不要大喊大叫

　　B. 音乐活动前，幼儿唱歌的场所应进行湿性扫除

　　C. 幼儿感冒时应多喝水、少说话

　　D. 幼儿可以唱少儿歌曲

12. （　　）可以促进颌面部的发育。

　　A. 咀嚼　　B. 微笑　　C. 说话　　D. 吃流食

13. 3~6岁幼儿每日的睡眠时间为（　　）h。

　　A. 11　　B. 12　　C. 13~14　　D. 14~15

14. 教会幼儿用正确的方法擤鼻涕可以预防（　　）。

　　A. 中耳炎　　B. 咽炎　　C. 扁桃体炎　　D. 气管炎

15. 缺碘可导致（　　）。

　　A. 贫血　　　　　　　　　B. 佝偻病

　　C. 身体发育和智力发展缺陷　　D. 龋齿

16. 生理性流涎开始的时间是（   ）。

   A. 出生后　　B. 3~4个月　　C. 6~7个月　　D. 2岁

17. 对待无意说谎的幼儿应该（   ）。

   A. 帮助幼儿区分现实和想象　　B. 当面揭穿其谎言

   C. 不纠正　　D. 严厉批评幼儿

18. 口服补液盐应用（   ）冲服。

   A. 烫水　　B. 温热水　　C. 温开水　　D. 盐水

19. 乳牙全部出齐的时间是（   ）。

   A. 出生时　　B. 6~8个月　　C. 2.5岁　　D. 6岁

20. 培养幼儿餐后排便的习惯利用的是（   ）。

   A. 幼儿胃的蠕动能力差　　B. 胃结肠反射

   C. 幼儿肠蠕动能力差　　D. 条件反射

21. 婴幼儿不能化妆、烫发的原因是（   ）。

   A. 婴幼儿皮肤的保护机能好　　B. 婴幼儿皮肤的渗透性好

   C. 婴幼儿皮肤的渗透性差　　D. 调节体温的作用差

22. 预防遗尿症的基本原则是（   ）。

   A. 减轻幼儿的精神压力　　B. 批评幼儿

   C. 少喝水　　D. 准备换洗的衣物

23. 补充碘最简便的方法是（   ）。

   A. 晒太阳　　B. 吃肉　　C. 喝奶　　D. 食用碘盐

24. 预防婴儿吃手的正确措施是（   ）。

   A. 婴儿经常感受饥饿

   B. 婴儿经常无人照管

   C. 6个月以下婴儿无须干预，6个月以上婴儿须保持手部清洁并转移其注意力

   D. 让婴儿的生活环境缺少刺激

25. 对待口吃幼儿，应做到（   ）。

   A. 使其紧张　　B. 使其不安

C. 使其放松　　　　　　　　D. 使其关注自己说话

26. 幼儿的攻击行为表现出如下特点：（　　）。
    A. 更多依靠身体的攻击，而不是言语的攻击
    B. 更多依靠言语的攻击，而不是身体的攻击
    C. 依靠身体攻击和言语攻击的比率相当
    D. 女孩比男孩在受到攻击后更容易发动报复行为

27. 对待婴幼儿习惯性阴部摩擦的错误做法是（　　）。
    A. 转移注意力　　　　　　B. 让幼儿活动起来
    C. 让幼儿困倦时再上床睡觉　D. 大声批评幼儿

28. 儿童上小学后适应能力的不足主要表现在身体适应、学习适应和（　　）等方面。
    A. 社会适应　　B. 心理适应　　C. 人际适应　　D. 环境适应

29. （　　）是最适宜婴幼儿读书的条件。
    A. 明亮的室内　　　　　　B. 室外阳光下
    C. 室外黄昏　　　　　　　D. 路灯下

30. 一般来说，（　　）岁开始幼儿能够正确辨认前后方位。
    A. 3　　　　B. 4　　　　C. 5　　　　D. 6

31. 幼儿口语表达能力的发展趋势是（　　）。
    A. 先有对话言语和独白言语，后有情景言语和连贯言语
    B. 先有对话言语和连贯言语，后有情景言语和独白言语
    C. 先有对话言语和情景言语，后有独白言语和连贯言语
    D. 先有情景言语和独白言语，后有对话言语和连贯言语

32. 在幼儿期，儿童的道德感、理智感和（　　）等高级情感开始发展。
    A. 美感　　　B. 推理能力　　C. 移情　　　D. 自我认同感

33. 在各种亲子关系类型中，（　　）的亲子关系最有益于幼儿个性的良好发展。
    A. 依赖型　　B. 民主型　　　C. 自由型　　D. 管理型

34. 儿童的亲社会行为（　　）。

A. 存在个体差异

B. 不存在个体差异

C. 自然生发，无需引导和教育

D. 是否存在个体差异尚不明确

35. 造成孩子缺乏（　　）的主要原因是家长和教师平时对孩子的事情包办过多，不给孩子独立完成某种任务的机会。

A. 人际交往能力

B. 独立生活能力

C. 规则意识和完成规则的能力

D. 任务意识和完成任务的能力

36. 下列选项中，属于幼儿容易"将想象与现实相混淆"的表现的是（　　）。

A. 跟妈妈说暑假想去外地游玩

B. 把希望发生的事情当成已经发生的来描述

C. 跟老师说长大以后想成为一名军人

D. 妈妈跟幼儿提起天安门，幼儿头脑中就会浮现出天安门的形象

37. 在"娃娃家"的角色游戏中，幼儿的（　　）发挥着极为重要的作用。

A. 具体形象思维　　　　B. 气质特点

C. 感知觉　　　　　　　D. 想象

38. 下列选项中，不属于幼儿具体形象思维的特点的是（　　）。

A. 具体性　　B. 拟人性　　C. 抽象性　　D. 经验性

39. 一般来说，男孩与女孩相比，前者出现攻击行为的比率（　　）。

A. 更低　　　　　　　　B. 与后者一样

C. 更高　　　　　　　　D. 不一定比后者高

40. （　　）认为儿童的心理主要有两个特点：一是吸收力，二是儿童的心理发展具有敏感期。

A. 卢梭　　　B. 马斯洛　　　C. 蒙台梭利　　　D. 杜威

41. 幼儿园教育目标制定的依据是教育目的和（　　）。

A. 社会需要　　　　　　B. 儿童身心发展的特点和需要

C. 幼儿园教育任务　　　　D. 幼儿教育的性质

42. 保育员应具备的具体知识是：普通文化知识、专业理论知识和（　　）等实践知识。

A. 语言　　B. 教育技能　　C. 理论　　D. 教学方法

43. 保育员在新生入园前的家访工作主要是为了了解孩子的特点、脾气秉性和生活习惯，孩子生活的家庭背景和（　　）等情况。

A. 父母的教养方式　　　　B. 父母的经济状况
C. 孩子智力发展的情况　　D. 孩子的心理素质

44. 发育性口吃发生在（　　）。

A. 语言发展最为迅速的时期　　B. 语言发展缓慢的时期
C. 语言发展的平台期　　　　　D. 语言发展的下降时期

45. （　　）容易患蛔虫病。

A. 饭前便后洗手　　B. 喝生水
C. 不随地大小便　　D. 不吃手

46. 一般来说，（　　）岁开始，幼儿逐步能够理解和辨认左右方位的相对性。

A. 3　　B. 4　　C. 5　　D. 6

47. 在幼儿的记忆中，（　　）占主导地位。

A. 意义记忆　　B. 形象记忆　　C. 错误记忆　　D. 偶发记忆

48. 进行（　　），可以依靠过去的知识经验，也就是把识记材料纳入已有的知识经验中去。

A. 无意记忆　　B. 有意记忆　　C. 机械记忆　　D. 意义记忆

49. 幼儿的情绪、情感具有不稳定性和易受感染的特点，其情绪情感（　　）。

A. 受成人情绪态度的影响　　B. 主要受教师的影响
C. 只受同伴的影响　　　　　D. 只受家人的影响

50. 要求幼儿记住某样东西时，他往往记住的是和这件东西一道出现的其他东西。这一现象被称为（　　）。

A. 意义记忆　　B. 机械记忆　　C. 错误记忆　　D. 偶发记忆

51. 幼儿的思维以（　　）为主导。

 A. 具体形象思维　　　　B. 直观行动思维

 C. 抽象逻辑思维　　　　D. 儿童化思维

52. 一般来说，（　　）岁的儿童的思维以具体形象思维为主。

 A. 3～4　　B. 1～3　　C. 3～7　　D. 5～6

53. 学前儿童在学习的速率、进度、方式、效率、（　　）等方面都存在着很大差异。

 A. 水平　　B. 方法　　C. 特点　　D. 效果

54. 保育员工作的对象是（　　）、敏感活跃又易受外界影响、可塑性很强的学前儿童。

 A. 各方面都尚未定型　　　　B. 2～6岁

 C. 0～3岁　　　　　　　　　D. 比较脆弱

55. （　　）是指父母与子女的相互作用方式，即父母的教养态度与方式。

 A. 广义的亲子关系　　　　B. 狭义的亲子关系

 C. 依恋方式　　　　　　　D. 家庭成员互动方式

56. 教育是随着人类社会的产生而产生，并（　　）。

 A. 随着人类社会的发展而发展

 B. 决定人类社会的发展方向

 C. 对个体的发展产生影响

 D. 成为人类社会特有的教育现象

57. （　　）要求保育员在教学过程中应允许孩子按自己的学习方式、学习速度进行学习。

 A. 尊重儿童的人格尊严和合法权利的原则

 B. 促进幼儿体、智、德、美全面发展的原则

 C. 面向全体与因材施教的原则

 D. 坚持正面教育的原则

58. 我国幼儿园教育与小学教育的差异主要表现在学习方式、主导活动与教

育任务不同，（　　）、师生关系不同、环境设备不同、社会及成人对儿童的要求与希望不同。

  A. 学习内容不同　　　　　　B. 作息制度与管理方式不同

  C. 教师与家长的关系不同　　D. 教学手段不同

59. 实施幼小衔接时，（　　）显现了衔接表面化的倾向。

  A. 幼儿园开展长期的入学准备教育

  B. 幼儿园只迎合幼儿家长的需要来准备

  C. 幼儿园带幼儿参观小学、了解小学

  D. 幼儿园在环境布置方面逐步向小学靠拢

60. 学前儿童喜欢游戏的原因很多，这是由其身心发展特点和（　　）两方面决定的。

  A. 知识经验　　　　　　B. 教师的教育

  C. 游戏本身的特点　　　D. 发展水平

61. 按游戏中的创造性程度分，可以把游戏分为创造性游戏和（　　）两种。

  A. 有规则的游戏　　　　B. 集体游戏

  C. 教学游戏　　　　　　D. 活动性游戏

62. 为了更好地促进幼儿在原有水平上的发展，保育员应根据幼儿的（　　）选择和指导游戏。

  A. 兴趣　　B. 需要　　C. 年龄特点　　D. 游戏特点

63. 幼儿对事物的理解往往是（　　）的，不能发现事物之间的内在关系。

  A. 全面的　　B. 孤立的　　C. 整体的　　D. 深入的

64. 蒙台梭利认为儿童有发展的需要，为满足和强化这种需要，必须通过自由活动、自发游戏和（　　）的方式与途径实现。

  A. 规则游戏　　　　　　B. 自主活动

  C. 智力游戏　　　　　　D. 感官游戏

65. （　　）要求保育员要重视一日生活整体的教育价值。

  A. 尊重儿童的人格尊严和合法权利的原则

  B. 促进幼儿体、智、德、美全面发展的原则

C. 面向全体与因材施教的原则

D. 整体性原则

66. (   ) 是使孩子从适应幼儿园生活到喜欢上幼儿园的根本所在。

    A. 主动学习   B. 能与小朋友一起玩

    C. 丰富多彩的活动   D. 做好家长工作

67. 幼儿园教育是基础教育的重要组成部分,是我国学校教育和终身教育的(   )。

    A. 奠基阶段   B. 起始阶段

    C. 基础阶段   D. 准备阶段

68. 我国幼儿园的(   )是我国幼儿教育机构的一大特色。

    A. 教育形式   B. 双重任务

    C. 教育内容   D. 教育方法

69. 幼儿园的教育目标应该划分层次,最高层是(   )。

    A.《幼儿园工作规程》规定的幼儿园的任务

    B. 我国的教育目的

    C. 教育方针

    D. 社会发展的目标

70. 多元智能的理论是由美国心理学家(   )提出的。

    A. 杜威   B. 加德纳

    C. 蒙台梭利   D. 福禄贝尔

71. (   ) 是指未满18周岁的公民。

    A. 未成年人   B. 成年人   C. 青年   D. 青少年

72. (   ) 对未成年人在学校保护、社会保护等方面有了相关的法条规定,体现了我国儿童权利的新观念。

    A.《日内瓦儿童宣言》

    B.《儿童权利公约》

    C.《中华人民共和国未成年人保护法》

    D.《中华人民共和国义务教育法》

二、判断题（将判断结果填入括号中，正确的填"√"，错误的填"×"）

1.（　　）物理降温时体温降至 37.5 ℃即可。

2.（　　）托幼机构的保教工作应该贯彻"以保为主，保中有教，教中有保，保教结合"的思想。

3.（　　）4～10 岁是幼儿扁桃体发育的高峰期，不易发生扁桃体炎。

4.（　　）长新牙前乳牙龋坏应该拔除。

5.（　　）幼儿 5 岁前因为眼球小，会出现生理性远视。

6.（　　）孩子上课随便说话、玩东西、搞小动作是其缺乏独立意识和独立生活能力的表现。

7.（　　）保育员必须熟练掌握现代教育技术，恰当有效地选择教学方式和方法，对幼儿进行集体教学。

8.（　　）不管按哪种分法，每个幼儿园都应该把国家制定的幼儿园教育目标层层分解，逐步具体化，最终把目标落实在儿童的发展上。

9.（　　）世界上第一所被正式命名为"幼儿园"的学前社会教育机构是由意大利教育家蒙台梭利创办的。

10.（　　）保教结合要求保育员做好保育工作，教师做好教育工作。

11.（　　）保育员要熟练掌握现代教育技术，恰当有效地选择教学方式和方法，直观形象地展示教学内容。

12.（　　）父母或者其他监护人应当尊重未成年人接受教育的权利，必须使适龄未成年人按照规定接受义务教育，不得使在校接受义务教育的未成年人辍学。

参 考 答 案

一、单项选择题

1. D　　2. B　　3. B　　4. A　　5. D　　6. A　　7. C　　8. D　　9. C　　10. A

11. D 12. A 13. A 14. A 15. C 16. C 17. A 18. C 19. C 20. B
21. B 22. A 23. D 24. C 25. C 26. A 27. D 28. A 29. A 30. B
31. A 32. A 33. B 34. A 35. D 36. B 37. D 38. C 39. C 40. C
41. B 42. B 43. A 44. A 45. B 46. C 47. B 48. D 49. A 50. D
51. A 52. D 53. A 54. A 55. A 56. A 57. C 58. B 59. B 60. C
61. A 62. C 63. B 64. A 65. D 66. C 67. A 68. B 69. B 70. B
71. A 72. C

二、判断题

1. × 2. √ 3. × 4. × 5. √ 6. × 7. × 8. √ 9. × 10. ×
11. √ 12. √

第三章 卫生管理

考核要点

考核范围	考核要点	重要程度
清洁卫生	1. 保育员卫生要求	了解
	2. 幼儿食物的烹饪要求	了解
	3. 幼儿食物储存要求	了解
	4. 幼儿进餐环境要求	熟悉
	5. 幼儿进餐过程要求	熟悉
消毒	1. 煮沸消毒及其适用范围	熟悉
	2. 蒸汽消毒及其适用范围	掌握
	3. 消毒剂消毒及其适用范围	熟悉
	4. 紫外线灯消毒及其适用范围	熟悉
	5. 日晒消毒及其适用范围	熟悉
	6. 桌椅消毒方法	熟悉
	7. 户外大型玩具消毒方法	熟悉
	8. 塑料玩具消毒方法	熟悉
	9. 床上用品消毒方法	熟悉

重点复习提示

一、清洁卫生

1. 保育员卫生要求

（1）定期体检。

（2）做清洁卫生时必须穿工作服、戴工作帽（工作帽要能盖住头发）、戴好口罩。

（3）应避免对着食物打喷嚏、咳嗽、谈笑，不能随地吐痰，有良好的卫生习惯。

2. 幼儿食物的烹饪要求

（1）控制营养素流失。

（2）去除或避免产生有毒、有害物质。

（3）外观要能引起食欲，促进消化吸收。

3. 幼儿食物储存要求

（1）食物冷冻要保持清洁。

（2）食物在烹饪前要新鲜。

（3）粮食类食物应储存在阴凉通风处，注意防霉、防虫和防鼠。

（4）蔬菜和水果不宜大量储藏。

4. 幼儿进餐环境要求

（1）进餐场所应整齐清洁、光线充足、空气流通、温度适宜。

（2）就餐桌椅高低适合，餐具清洁美观、大小合适、适宜使用。

5. 幼儿进餐过程要求

（1）控制适当的进餐速度。

（2）引导幼儿进餐时不谈笑不打闹。

（3）不强迫幼儿进食或停止进食。

（4）进餐时保育人员要给予幼儿关心、爱护和帮助。

二、消毒

1. 煮沸消毒及其适用范围

煮沸消毒是将需要消毒的物品放入煮锅内用水全部淹没再加热煮沸的一种消毒方法。水沸后开始计时，持续煮沸 15~20 min。适用于餐饮具、毛巾、餐巾、服装、床单等耐热物品消毒。

2. 蒸汽消毒及其适用范围

蒸汽消毒是利用100 ℃水蒸气进行消毒的一种方法。消毒时间应在水沸腾并冒出蒸汽后开始计算、持续10~20 min。被消毒的物品应垂直放置，并留有空隙。适用于餐饮器具、餐桶和菜盆等。

3. 消毒剂消毒及其适用范围

消毒剂消毒是用按比例配制的消毒剂溶液将物品全部浸没，或者用消毒抹布对需要消毒物品进行擦拭，或者用喷雾器将消毒剂溶液进行喷洒，以达到消毒目的的消毒方法。适用于织物、耐湿玩具、便器、塑料制品等的浸泡消毒，家具、门把手、水龙头等物体表面以及地面、墙面的擦拭消毒，室内空气、居室表面和家具表面的喷洒消毒。

4. 紫外线灯消毒及其适用范围

紫外线灯消毒是用紫外线灯对室内空气、物体表面进行照射消毒的一种消毒方法。适用于室内空气、物体表面消毒。

5. 日晒消毒及其适用范围

日晒消毒是将物品放在太阳下进行直接照射3~6 h，以达到用紫外线消毒灭菌的一种简便可行的消毒方法。适用于衣服、被褥、书籍、玩具等。

6. 桌椅消毒方法

（1）擦拭。用清水打湿抹布，擦拭桌椅。

（2）消毒。使用1∶200的84消毒液擦拭一遍，作用时间15~30 min。

（3）擦拭。用清水打湿抹布再擦拭一遍。

7. 户外大型玩具消毒方法

（1）清洗。用清水将玩具各部位冲洗干净。

（2）消毒。用1∶200的84消毒液对玩具各部位进行喷洒，或用消毒抹布进行均匀擦拭，作用时间15~30 min。

（3）清洗。用清水抹布再擦拭一遍。

8. 塑料玩具消毒方法

（1）清洗。用清水将塑料玩具冲洗干净。

（2）消毒。使用1∶200的84消毒液浸泡10 min。

（3）清洗、暴晒。用清水冲洗干净，再在阳光下暴晒。

9. 床上用品消毒方法

（1）在阳光照射处暴晒，物品间隔 40～50 cm，时间为 2～4 h。

（2）平摊在紫外线灯下消毒 30 min。

理论知识辅导练习题

一、单项选择题（选择一个正确的答案，将相应的字母填入题内的括号中）

1. 保育员应至少（　　）擦拭一次窗户。
   A. 1 个月　　B. 1 个星期　　C. 2 个月　　D. 2 个星期

2. 擦地时洗涮墩布的次数是（　　）次。
   A. 1　　B. 2　　C. 3　　D. 多

3. 幼儿的生活空间需要大量的新鲜空气，是因为（　　）。
   A. 幼儿肺泡大
   B. 幼儿呼吸的无效空间小
   C. 幼儿园环境单一，不容易传染疾病
   D. 缺氧会影响幼儿大脑的发育

4. 水杯消毒后应（　　）。
   A. 擦干　　　　　　　　　B. 用水煮
   C. 用直接使用　　　　　　D. 用清水泡、冲洗

5. 门把手、桌椅等应用浓度为（　　）% 的洗消净来消毒。
   A. 0.2　　B. 0.5　　C. 0.8　　D. 1

6. 可使用 84 消毒液对玩具进行（　　）消毒。
   A. 擦拭　　B. 冲洗　　C. 浸泡　　D. 蒸煮

7. 图书翻晒的时间是（　　）h。
   A. 1～2　　B. 2～5　　C. 3　　D. 3～6

8. 下列消毒方法中属于化学消毒法的是（　　）。

　　A. 煮沸　　　　　　　　　　B. 蒸汽

　　C. 紫外线消毒　　　　　　　D. 酒精消毒

9. 适用于日晒消毒法的物品是（　　）。

　　A. 衣物被褥　　B. 餐具　　C. 家具　　D. 器械

10. 84 消毒液擦拭的作用时间是（　　）min。

　　A. 2　　　　B. 5　　　　C. 10　　　　D. 30

11. 配制消毒液的准备工作包括（　　）。

　　A. 准备水盆、水桶和量杯　　B. 准备毛巾

　　C. 准备餐具　　　　　　　　D. 准备洗涤液

12. 幼儿园的桌椅应该（　　）。

　　A. 擦拭可褪色　　　　　　　B. 擦拭不褪色

　　C. 每年刷一次油漆　　　　　D. 有香味

13. 清洗毛巾应使用（　　）清除毛巾上的污物。

　　A. 84 消毒液　　　　　　　B. 洗涤剂

　　C. 清水　　　　　　　　　　D. 去污粉

14. 保育员拖地时，如果有事必须立刻离开，应该将墩布（　　）。

　　A. 拿走，放到幼儿活动场所之外

　　B. 就地放倒

　　C. 让幼儿帮忙放到盥洗室

　　D. 立在墙边

15. 开窗通风增加了活动室内的（　　）。

　　A. 二氧化碳　　　　　　　　B. 异味

　　C. 微生物的致病能力　　　　D. 对致病微生物的杀伤能力

16. （　　）是通过门窗等进行的气体交换。

　　A. 一般通风　　　　　　　　B. 电器通风

　　C. 自然通风　　　　　　　　D. 人工通风

17. 浸泡毛巾后应（　　）。

A. 蒸　　　　　　　　　　　B. 煮

C. 用洗涤用品搓洗　　　　　D. 用水泡

18. 抹布浸泡在 84 消毒液中作用（　　）min 可达到消毒的目的。

A. 1　　　　B. 2　　　　C. 20　　　　D. 30

19. 除使用 84 消毒液外，还可以选用（　　）对玩具进行消毒。

A. 0.1% 的洗消净　　　　　B. 0.3% 的洗消净

C. 0.8% 的洗消净　　　　　D. 0.5% 的洗消净

20. 将物品放置于阳光下的消毒方法属于（　　）。

A. 化学消毒　　　　　　　　B. 蒸汽消毒

C. 物理消毒　　　　　　　　D. 紫外线消毒

21. 煮沸消毒法是将物品（　　）。

A. 浸入水中，水量不足物品的 1/2，煮沸消毒

B. 全部浸在水中，煮沸消毒

C. 浸入水中，水量达物品的 1/2，煮沸消毒

D. 浸泡于沸水中

22. 84 消毒液一般稀释浓度为（　　）。

A. 2%　　　　B. 5%　　　　C. 2‰~5‰　　　　D. 0.5‰

23. 保育员扫地的正确时间是（　　）。

A. 幼儿进餐时　　　　　　　B. 幼儿入园前

C. 幼儿室内游戏时　　　　　D. 进餐前

24. 幼儿园夏季恰当的降温方法是（　　）。

A. 让幼儿喝冰水　　　　　　B. 往活动室地上泼水

C. 使用电风扇或空调　　　　D. 室内玩水

25. 抹布可以在浓度为 0.5% 的（　　）中浸泡 2 min 消毒。

A. 84 消毒液　　　　　　　　B. 洗消净

C. 漂白粉澄清液　　　　　　D. 洗涤剂

26. 日托园的床单、枕巾应（　　）换洗一次。

A. 2 周　　　　B. 3 周　　　　C. 1 个月　　　　D. 2 个月

27. 采用煮沸法消毒的时间是（　　）。

  A. 煮 15 min　　　　　　　　B. 煮 20 min

  C. 水开后煮 20 min　　　　　D. 水开后煮 5 min

28. 配制消毒液的工具应该存放在（　　）。

  A. 盥洗室　　　　　　　　　B. 习惯的处所

  C. 幼儿拿不到的地方　　　　D. 操场的角落

29. （　　）活动前保育员应该用半干的墩布擦拭活动场所。

  A. 体育　　　　　　　　　　B. 自由游戏

  C. 音乐　　　　　　　　　　D. 亲子

30. 盥洗室应该（　　）。

  A. 刮风不开窗　　　　　　　B. 任何天气均开窗片刻

  C. 半天开窗　　　　　　　　D. 全天开窗

31. 自然通风是通过（　　）进行的气体交换。

  A. 门窗　　　B. 电风扇　　　C. 空调　　　D. 排风扇

32. 洗涤毛巾前，应先（　　）。

  A. 消毒　　　B. 浸泡　　　C. 揉搓　　　D. 折叠

33. 对水杯消毒可以使用 84 消毒液浸泡（　　）min。

  A. 2～3　　　B. 6～7　　　C. 5～10　　　D. 30

34. 消毒液擦拭桌椅或门把手后，应作用（　　）min。

  A. 15　　　B. 10　　　C. 5　　　D. 2

35. 适于日光下翻晒的物品是（　　）。

  A. 图书　　　B. 便盆　　　C. 家具　　　D. 器械

36. 全托园幼儿的床单应（　　）换洗一次。

  A. 1 周　　　B. 2 周　　　C. 3 周　　　D. 4 周

37. 应使用浓度为（　　）的过氧乙酸对不锈钢、塑料制品、体温表等进行消毒。

  A. 0.1%～0.5%　　　　　　　B. 3%

  C. 5%　　　　　　　　　　　D. 10%～20%

38. 在配制消毒液的过程中，应注意（　　）。
    A. 佩戴手套　　　　　　　　B. 裸手配置
    C. 不穿工作服　　　　　　　D. 穿短裙子

39. 毛巾用消毒液消毒后，应该（　　）。
    A. 用普通洗涤剂洗涤　　　　B. 用肥皂洗涤
    C. 直接晾晒　　　　　　　　D. 用清水漂洗

40. 对玩具消毒的次数是（　　）。
    A. 每周2次　　　　　　　　B. 每周1次
    C. 两周1次　　　　　　　　D. 每天1次

41. 煮沸法适用于（　　）。
    A. 食具　　　　　　　　　　B. 毛绒玩具
    C. 家具　　　　　　　　　　D. 图书

42. 使用84消毒液浸泡消毒时，（　　）。
    A. 液面应达物品的1/10　　　B. 液面应达物品的1/2
    C. 液面应达物品的2/3　　　 D. 液面应没过物品

43. 配制消毒液时应根据（　　）操作。
    A. 习惯　　　　　　　　　　B. 个人喜好
    C. 配制比例和要求　　　　　D. 少加水的原则

二、判断题（将判断结果填入括号中，正确的填"√"，错误的填"×"）

1.（　　）幼儿园应该每月洗一次床单枕巾。

2.（　　）蒸汽消毒法适用于各种物品。

3.（　　）1%的漂白粉澄清液可以对家具进行消毒。

4.（　　）晨检时保育员应该做好辅助工作。

5.（　　）不主张给婴幼儿化妆。

6.（　　）保育员每天扫除两次。

7.（　　）餐具常用的消毒方法是煮沸法和浸泡法。

8.（　　）幼儿园常用消毒物品不是幼儿园的危险用品。

参 考 答 案

一、单项选择题

1. D 2. D 3. D 4. D 5. B 6. C 7. D 8. D 9. A 10. D
11. A 12. B 13. B 14. A 15. D 16. C 17. C 18. B 19. D 20. D
21. B 22. C 23. B 24. C 25. A 26. C 27. C 28. C 29. C 30. D
31. A 32. B 33. C 34. B 35. D 36. B 37. A 38. A 39. D 40. B
41. A 42. D 43. C

二、判断题

1. × 2. × 3. √ 4. √ 5. √ 6. × 7. × 8. ×

第四章 生活管理

考 核 要 点

考核范围	考核要点	重要程度
托幼机构生活管理制度	1. 幼儿健康的重要性	掌握
	2. 幼儿身心健康指标	熟悉
	3. 托幼机构制定合理生活制度的意义	掌握
	4. 托幼机构制定合理生活制度的原则	掌握
	5. 托幼机构的健康检查制度	熟悉
	6. 幼儿身体健康的检查方法	熟悉
	7. 幼儿身体健康的观察方法	熟悉
	8. 幼儿衣着的安全要求	熟悉
	9. 幼儿身上的常见安全隐患	掌握
饮食管理	1. 合理膳食的重要性	熟悉
	2. 膳食搭配的基本原则	熟悉
	3. 不同年龄阶段幼儿进餐的特点	熟悉
	4. 分发餐具的要求和方法	熟悉
	5. 饭菜散热、保温与保洁的方法	熟悉
	6. 分发、添加饭菜的要求	掌握
	7. 良好进餐习惯的含义	熟悉
饮水管理	1. 饮水对幼儿健康的意义	熟悉
	2. 幼儿每日饮水量	了解
	3. 幼儿饮用水的水质	了解
	4. 幼儿饮用水的选择	掌握
	5. 良好饮水习惯的含义	掌握

续表

考核范围	考核要点	重要程度
盥洗、如厕管理	1. 盥洗的意义及内容	掌握
	2. 良好盥洗习惯的含义	熟悉
	3. 幼儿大小便的指导与训练	熟悉
睡眠管理	1. 睡眠的重要性	熟悉
	2. 幼儿睡眠的安全常识	熟悉
	3. 良好睡眠习惯的含义	熟悉
物品管理	1. 物品管理的基本要求	了解
	2. 物品保管制度	掌握
	3. 危险物品保管常识	掌握

重点复习提示

一、托幼机构生活管理制度

1. 幼儿健康的重要性

托幼机构必须高度重视保护幼儿的生命，保证幼儿的健康，这是托幼机构的首要任务。务必全面掌握幼儿的人身安全和身心健康状况，确保幼儿的生命安全和身心健康发展。应及早发现问题，及时采取预防和必要的调整措施。

2. 幼儿身心健康指标

幼儿的健康包括生理健康和心理健康。幼儿的生理健康是指幼儿各个器官、组织生长发育正常，身体素质不断增强。幼儿身体生长发育情况可以参考幼儿生长发育评价指标来衡量。幼儿的心理健康是指幼儿心理发展达到相应年龄组幼儿的正常水平，情绪积极、性格开朗、无心理障碍，对环境有较快的适应能力。

3. 托幼机构制定合理生活制度的意义

（1）科学的生活制度可以有效促进幼儿的正常生长发育。

（2）科学的生活制度可以促使幼儿养成良好的生活习惯。

（3）良好的生活制度是完成保教任务的前提。

4. 托幼机构制定合理生活制度的原则

（1）要符合幼儿的年龄特点。

（2）要符合保教工作的要求。

（3）要适应当地的特点和季节变化。

（4）要参考家长的特殊需要。

5. 托幼机构的健康检查制度

托幼机构的健康检查制度包括入托幼机构前的健康检查制度，定期体检制度，晨、午、晚检制度，全日观察制度，工作人员体格检查制度，传染病的报告、隔离制度等。

6. 幼儿身体健康的检查方法

幼儿身体健康检查要掌握：一摸、二看、三问、四查。

（1）摸。摸额头：确定是否有发热的征兆；摸两腮：检查婴幼儿是否腮腺肿大，扁桃体是否发炎。

（2）看。看双手：看指甲是否太长，皮肤是否有红点，以排查出疹性皮肤病、手足口病等；看口腔：看上下唇、牙龈有无红点、脓疱等症状；看舌头：看舌头上有无红点，舌苔是否太重；看咽部：检查咽部有无红肿；看眼睛及面色：观察幼儿面色是否正常，眼睛是否患有结膜炎，精神状态是否良好。

（3）问。问家长：询问幼儿在家里的情况，包括饮食、睡眠，大小便情况是否有异常，有无腹泻、咳嗽、精神萎靡等症状；问幼儿：询问身体是否有哪个地方不舒服，情绪是不是很好。

（4）查。检查幼儿口袋，看有无携带不安全的物品，要将幼儿放在衣袋里的小物件暂时存放起来。

7. 幼儿身体健康的观察方法

在幼儿一日生活的各个环节中，保育员应随时观察幼儿的精神状态，与该幼儿平时状态相比较表现明显不同的，要格外注意。对生病的幼儿要给予特别关照。要引导幼儿保持积极乐观的人际关系，使其情绪安定、心情愉快。

8. 幼儿衣着的安全要求

幼儿着装的基本要求是舒适、安全、方便、美观。服装要大小宽松适度，面料柔软，吸湿透气，款式简单。衣服上有带子、洞状物、环状物等都可能给幼儿带来安全隐患。

9. 幼儿身上的常见安全隐患

幼儿佩戴的颈部、腕部、腰部饰品，幼儿捡拾的一些小物件都是幼儿身上常见的安全隐患。主要来源包括：从家里带来的，户外活动时收集的，游戏活动时留下的。

二、饮食管理

1. 合理膳食的重要性

全面的营养来自合理的膳食。对于处在生长发育最迅速、最关键时期的幼儿来说，营养是最重要的物质基础。均衡的营养是幼儿身心健康成长的有力保障。

2. 膳食搭配的基本原则

在配制膳食时应注意多样化、合理化、科学化，做到平衡膳食、营养全面。

3. 不同年龄阶段幼儿进餐的特点

1岁幼儿喜欢用手抓饭，食欲旺盛，大多没有饱腹感。两三岁的幼儿食量不定，会有挑食、偏食、厌食的现象。4岁以后，有些幼儿在饥饿时能主动进食。

4. 分发餐具的要求和方法

可以依据幼儿年龄特点及动手能力情况决定分发餐具的方法，不必全由保教人员发放。由幼儿发放时，可以采取值日生法、奖励领取法或一次领取法。务必保证餐具没有受到污染。

5. 饭菜散热、保温与保洁的方法

（1）饭菜散热。夏季气温高，保育员可以通过用饭勺搅拌、将饭菜放在风扇下或通风处，或通过早取饭菜的方式加快饭菜散热。

（2）饭菜保温。冬季气温较低，保育员可以通过加盖棉被、将盛饭菜的容器放在暖气旁边，或通过缩短取饭时间的方式保持饭菜温度。

（3）饭菜保洁。给幼儿提供新鲜卫生的食品，引导婴幼儿不吃腐烂或被蚊虫叮咬过的食物。

6. 分发、添加饭菜的要求

保育员应本着公平对待、少盛多次的原则给幼儿分发、添加饭菜。饭菜和汤通常盛到饭碗的 2/3 处即可。在盛饭菜的时候应注意将汤和饭分开盛放、添加及时、侧面递送。

7. 良好进餐习惯的含义

良好进餐习惯包括：定时进餐；定量进餐；正确的进餐姿势；正确使用餐具的方法；专心进餐；不偏食、挑食；少吃或不吃零食；注意进餐卫生；文明进餐。

三、饮水管理

1. 饮水对幼儿健康的意义

饮水量关乎幼儿身体健康。充足的饮水不仅能保持咽喉部湿润、大便通畅，还能保证新陈代谢正常进行，提高机体免疫力，从而减少疾病的发生。

2. 幼儿每日饮水量

不同年龄段的幼儿每日饮水量不同。通常，幼儿年龄越小，相对需水量越大。饮水量同时也与气候、饮食、活动量大小有关系。

3. 幼儿饮用水的水质

水质的好坏主要从颜色、气味、清澈度、口感等几个方面判断。水质应符合以下四个方面要求。

（1）不含任何有害物质和致病菌。

（2）含有人体所需适量的微量元素。

（3）水的酸碱度呈弱碱性。

（4）水的硬度以碳酸钙含量为 50~200 mg/L 为宜。

4. 幼儿饮用水的选择

白开水是最好的选择。切忌长期饮用桶装纯净水。夏季可以适当添加绿豆汤或酸梅汤防暑降温，春秋两季可以添加梨水，冬季可饮用温热的豆浆。

5. 良好饮水习惯的含义

良好饮水习惯包括：定时饮水，不定时饮水，正确接水，正确饮水，吃饭时不饮水，剧烈运动后不立即饮水，不饮冰水，自己补充水分，喝白开水。

四、盥洗、如厕管理

1. 盥洗的意义及内容

盥洗不仅可以使幼儿保持皮肤清洁、干爽，维护身体健康，良好的盥洗习惯还可以培养幼儿讲卫生的良好习惯，同时提高其自理能力。幼儿盥洗的内容主要包括洗手、洗脸、刷牙、漱口、洗头、洗脚、洗澡、洗屁股等。

2. 良好盥洗习惯的含义

良好盥洗习惯包括：及时、定时清理，不同身体部位的不同清理、护肤方法。

3. 幼儿大小便的指导与训练

（1）根据幼儿发展情况进行排尿训练。在进行排尿训练时，不仅要注意观察还要积极引导幼儿用语言表达。

（2）可以借助婴幼儿小便器辅助训练。

（3）帮助幼儿养成准确表达、定时大便的习惯。

五、睡眠管理

1. 睡眠的重要性

充足的睡眠可以促进婴幼儿身体生长发育。要保证婴幼儿充足的睡眠时间和睡眠质量，从而保障婴幼儿身心的健康发展。

2. 幼儿睡眠的安全常识

幼儿睡眠前，要组织幼儿排便。幼儿上床前保育员要做好安全检查，重点排查手、口是否有安全隐患。在幼儿睡眠过程中，保育员应加强巡视，发现危险迹象及时处置。

3. 良好睡眠习惯的含义

良好睡眠习惯包括合理睡眠、安全睡眠、正确快速穿脱衣服、正确整理床铺。

六、物品管理

1. 物品管理的基本要求

物品管理，包括对班级的玩具、教具、图书、餐具、家具、其他用具、幼儿的被褥和衣物等的管理。保育员要做好每件物品的登记入册，将物品放于适当位置并摆放整齐，做好正常使用记录和保养维修，定期清点、清洁，不丢失、不污损。

2. 物品保管制度

物品保管制度包括对固定资产、玩教具的保管和对幼儿个人物品的保管。

3. 危险物品保管常识

托幼机构中的危险物品是指有腐蚀性、有毒的物品及易燃易爆物品。危险物品应存放在安全、固定的位置，并由专人负责保管。严格按说明书的要求保管危险物品，危险物品使用时应做好记录，剩余部分要及时放回储藏室或幼儿不可触及的地方。一次性使用不完的危险物品及其容器应按规定统一回收处理，切不可随意丢弃，更不能随意放在盥洗室，以防引起安全事故。

理论知识辅导练习题

一、单项选择题（选择一个正确的答案，将相应的字母填入题内的括号中）

1. 整托园给幼儿晨检时，保育员应该（　　）。
　　A. 帮助教养员唤醒熟睡的幼儿　　B. 与教养员共同晨检
　　C. 打扫寝室　　　　　　　　　　D. 准备饮用水
2. 幼儿健康的表现是（　　）。
　　A. 面色红润　　B. 面色苍白　　C. 面色苍黄　　D. 面色发青
3. 服药前应准备（　　）。
　　A. 白开水　　　B. 可乐　　　　C. 茶水　　　　D. 咖啡

4. 滴鼻药时，幼儿的姿势应该为（　　）。
   A. 站姿　　　　B. 坐姿　　　　C. 侧卧　　　　D. 仰卧

5. 以下关于药品的管理方法错误的是（　　）。
   A. 贴标签，妥善保管　　　　B. 药品放在固定的地方
   C. 放在任意地方，不固定　　D. 幼儿服药后剩余药物继续妥善保存

6. 指导幼儿发餐具应以（　　）为原则。
   A. 幼儿的要求　　　　B. 提高自我服务能力
   C. 父母的要求　　　　D. 幼儿的心理特点

7. 保育员给幼儿分发饭菜的顺序是（　　）。
   A. 先发菜和汤，再盛饭　　B. 先发饭和汤，再盛菜
   C. 同时发放在一个碗中　　D. 先盛饭菜，再盛汤

8. 饭菜过热，应（　　）。
   A. 趁热添加　　B. 趁热吃　　C. 兑凉水吃　　D. 晾凉后再吃

9. 幼儿进餐时，保育员应该（　　）。
   A. 讲故事　　　　　　B. 大声聊天
   C. 安静地照顾幼儿吃饭　　D. 批评幼儿

10. 幼儿进餐中容易出现的意外问题有（　　）。
    A. 说话　　　　B. 呕吐　　　　C. 笑　　　　D. 小便

11. 保育员应根据（　　）做好水温的控制。
    A. 天气情况　　　　B. 教师需要
    C. 家长要求　　　　D. 保育员的喜好

12. 幼儿对水的需要量受（　　）的影响。
    A. 食物的质和量　　B. 水的口感
    C. 所处位置　　　　D. 兴趣

13. 幼儿的排便环境应该是（　　）。
    A. 拥挤的盥洗室　　B. 室外
    C. 非封闭的场所　　D. 温暖、安静、无异味的地方

14. 幼儿排便时应该（　　）。

A. 吃东西　　B. 专心　　C. 看书　　D. 唱歌

15. 中、大班幼儿大小便后，保育员应指导他们（　　）。

　　A. 冲厕　　B. 擦拭　　C. 穿裤子　　D. 梳头

16. 出现（　　）时，需要纠正幼儿的睡姿。

　　A. 左侧卧　　B. 右侧卧　　C. 蒙头睡　　D. 仰卧

17. （　　）与保育员对幼儿遗尿的观察无关。

　　A. 进餐量　　　　　　B. 饮水量

　　C. 家长是否遗尿　　　D. 清醒时的排尿间隔

18. 全体幼儿起床后，保育员对尿床幼儿的处理是（　　）。

　　A. 告知全班幼儿

　　B. 批评幼儿

　　C. 清洗、晾晒尿湿的衣物和被褥

　　D. 把尿湿的被褥卷起来，让家长带走

19. 保育员唤醒遗尿幼儿应做到（　　）。

　　A. 动作轻、更换快　　B. 声音过大

　　C. 更换被褥动作慢　　D. 边换边批评孩子

20. 幼儿穿衣应先穿毛衣是为了减少（　　）暴露在外的时间。

　　A. 胸部　　B. 颈部　　C. 腿部　　D. 腰部

21. 幼儿穿裤子时，保育员应该提醒他们（　　）。

　　A. 挽裤腿　　　　　　B. 提裤子

　　C. 将衬衣塞入裤腰　　D. 系腰带

22. 存放教具的分类柜应（　　），以便于查找。

　　A. 标出存放的全部教具名称　　B. 不贴任何标签

　　C. 用颜色标志名称　　　　　　D. 标出编号和教具名称

23. （　　）的正确与否对幼儿身体的正常生长发育会产生极大的影响。

　　A. 行为　　B. 身体姿势　　C. 交友　　D. 习惯

24. 正确的走姿主要是上体正直，双手在行进中自然地摆动，（　　），步伐均匀，有精神等。

A. 上体稍向前倾　　　　　　B. 上下肢动作协调

C. 用脚掌着地　　　　　　　D. 屈肘在体侧

25. 幼儿（　　）的形成是长期积累的结果。

    A. 兴趣　　　　　　　　　B. 不正确姿势

    C. 智力　　　　　　　　　D. 气质

26. 幼儿服药后，保育员应该（　　）。

    A. 记忆幼儿服药的情况　　B. 将已服的药和待服的药分开放置

    C. 在药的包装上做记号　　D. 记录幼儿服药的情况

27. 给幼儿喂药时应（　　）。

    A. 固定幼儿的手臂和头部　B. 固定幼儿的头部

    C. 让幼儿坐好　　　　　　D. 捏住幼儿的鼻子

28. 滴耳药后保教人员应该（　　）。

    A. 轻揉幼儿的鼻翼　　　　B. 洗手

    C. 轻揉幼儿的耳郭　　　　D. 轻揉幼儿的耳屏

29. 协助体检不包括（　　）。

    A. 排队　　B. 清点人数　　C. 安慰幼儿　　D. 吓唬幼儿

30. 准备好水后，应（　　）。

    A. 空放一两杯水，并舍弃

    B. 全部饮用

    C. 空放三四杯水，并舍弃

    D. 空放一两杯水给最先到达的幼儿喝

31. 婴幼儿应该喝（　　）。

    A. 果汁　　B. 运动饮料　　C. 可口可乐　　D. 白开水

32. 保育员给幼儿分发饭菜要（　　）。

    A. 喜欢谁给谁多盛饭菜　　B. 对所有幼儿都做到均匀、公平

    C. 喜欢谁允许谁挑选饭菜　D. 不喜欢谁给谁多盛菜汤

33. 对肥胖幼儿应（　　）。

    A. 多盛饭　　　　　　　　B. 满足其食欲

C. 控制其饮食量   D. 只盛菜不盛饭

34. 幼儿进餐时，保育员的态度应该是（   ）。
    A. 和蔼亲切   B. 冷淡
    C. 生气   D. 着急

35. 3岁以下幼儿喝水时，保育员应该（   ）。
    A. 允许其边喝边蹦跳   B. 嘱咐其安静坐下喝水
    C. 允许其边说话边喝水   D. 边玩杯中的水边喝水

36. （   ）幼儿的饮水量会增大。
    A. 春季   B. 秋季   C. 夏季   D. 冬季

37. 良好的饮水习惯包括：定时饮水、不定时饮水、（   ）、不饮冰水等。
    A. 想喝就喝   B. 等老师让喝水
    C. 渴了再喝   D. 正确接水、正确饮水

38. 清洗幼儿臀部的方法是（   ）。
    A. 用湿纸巾擦   B. 用冷水洗
    C. 用温水洗   D. 用干毛巾擦

39. 关于幼儿排便以下选项中正确的是（   ）。
    A. 排完便就起来，不在便盆上玩耍
    B. 边吃边排
    C. 长时间坐盆
    D. 把便盆当椅子坐

40. 幼儿大小便后，保育员应督促（   ）幼儿独自冲厕、洗手。
    A. 中大班   B. 小班   C. 托班   D. 2岁以下

41. 天气过热时，保育员不应（   ）为寝室降温。
    A. 开空调   B. 打开所有的电风扇
    C. 关闭所有的窗帘   D. 打开所有的窗户

42. （   ）前幼儿应该进行户外散步等安静活动。
    A. 如厕   B. 游戏   C. 睡眠   D. 离园

43. 为确保睡眠环境的安静，保育员可以（   ）。

A. 让全班幼儿同时上床

B. 让精力旺盛、睡觉少的幼儿先上床

C. 让体质弱、年龄小、脱衣动作慢的幼儿后上床

D. 让体质弱、年龄小、脱衣动作慢的幼儿先上床

44. 保育员应控制幼儿的（　　），避免孩子因上厕所影响睡眠。

　　A. 喝汤量　　　　　　　B. 饭量

　　C. 上厕所的次数　　　　D. 游戏的时间

45. 指导幼儿穿鞋时，应先教幼儿（　　）。

　　A. 系扣　　B. 系鞋带　　C. 分辨左右　　D. 提鞋跟

46. 书籍应该摆放在（　　）。

　　A. 高处　　B. 柜子内　　C. 架子上　　D. 窗台上

47. 按（　　）分，可以把幼儿的一日生活分为上午的活动、下午的活动、晚间的活动三部分。

　　A. 时间　　B. 内容　　C. 性质　　D. 地点

48. 在生活中渗透教育，要求保教人员做到（　　）。

　　A. 组织好转换环节　　　　B. 重视在日常生活中观察个别幼儿

　　C. 生活游戏化　　　　　　D. 教育生活化

49. 幼儿不正确坐姿的主要表现是歪斜坐、躺坐、跷二郎腿、（　　）和趴着坐等。

　　A. 胯松懈　　　　　　　B. 双脚呈内八字或外八字

　　C. 抖腿　　　　　　　　D. 两肩歪斜

50. 在纠正幼儿不正确姿势时，保育员不能总盯着孩子不正确的姿势，也要（　　）。

　　A. 耐心讲道理

　　B. 善于发现他们出现的正确姿势，并及时给予表扬

　　C. 注意教育家长，使之也能对幼儿做出提醒

　　D. 注意看幼儿的反应

51. 扫地时扫帚应（　　），避免尘土飞扬。

A. 向上挑起尘土清扫　　　　　B. 向两侧横扫

C. 向前挑扫　　　　　　　　　D. 向前压住扫帚扫

52. 保育员摆放水杯和毛巾前应注意先（　　）。

A. 戴手套　　B. 刷厕所　　C. 清洁双手　　D. 让幼儿洗手

53. 夏季开空调的房间应经常（　　）。

A. 开窗通风　　B. 洒水　　C. 开电风扇　　D. 擦地

54. 滴眼药后，保教人员应该要求幼儿（　　）。

A. 站起离开　　　　　　　　　B. 闭目转动眼珠

C. 睁眼转动眼珠　　　　　　　D. 揉眼

55. 幼儿园服药记录不应该包括（　　）。

A. 药品类别　　　　　　　　　B. 病名

C. 给药人的姓名　　　　　　　D. 医院名

56. （　　）不是幼儿园的危险用品。

A. 卧室用品　　　　　　　　　B. 有毒物品

C. 药品　　　　　　　　　　　D. 易燃易爆物品

57. 餐具的正确摆放位置是（　　）。

A. 桌子边沿上　　　　　　　　B. 碗全部放在小朋友的左侧

C. 碗正对着椅子　　　　　　　D. 碗全部放在小朋友的右侧

58. 婴幼儿对蛋白质、无机盐的需要量与对水的需要量的对比关系是（　　）。

A. 无关

B. 摄入蛋白质、无机盐的量大，对水的需要量小

C. 摄入蛋白质、无机盐的量大，对水的需要量更大

D. 摄入蛋白质、无机盐的量少，对水的需要量大

59. 保育员需要照顾（　　）的幼儿喝水。

A. 6岁　　B. 5岁　　C. 4岁以下　　D. 3岁以下

60. 幼儿喝水时应（　　），避免烫嘴。

A. 小口尝试　　　　　　　　　B. 不尝试

C. 怕烫不喝水　　　　　　　　D. 大口喝水

61. 为幼儿洗澡的方法是（　　）。

　　A. 打湿、擦干　　　　　　　　B. 将幼儿放置在稀释的浴液中浸泡

　　C. 打湿、用浴液洗、清洗　　　D. 用浴液洗、清洗

62. 给幼儿洗脸时，应注意让其（　　）。

　　A. 睁开眼　　B. 闭眼　　C. 张口　　D. 屏住呼吸

63. 对幼儿大小便的正确要求是（　　）。

　　A. 教育活动进行过程中不可以上厕所

　　B. 睡眠中不可以上厕所

　　C. 进餐中不可以上厕所

　　D. 有便就排，不憋便

64. 小龄幼儿大便后，保育员的工作程序是（　　）。

　　A. 冲厕

　　B. 擦屁股、冲厕、洗手

　　C. 为幼儿擦屁股、帮助穿裤子、冲厕、洗手

　　D. 冲厕、洗手

65. 保育员应该教（　　）岁幼儿排便后擦拭屁股。

　　A. 2~3　　B. 3~4　　C. 4~5　　D. 5~6

66. 保育员准备睡眠环境的步骤是（　　）。

　　A. 拉窗帘、准备温暖的寝具

　　B. 开窗通风、拉窗帘、准备温暖的寝具

　　C. 开窗通风、拉窗帘、准备温暖的寝具、保持室内安静

　　D. 开窗通风、拉窗帘、准备温暖的寝具、保持室内安静、排便

67. （　　）的幼儿可以后上床、后睡觉。

　　A. 体弱　　　　　　　　B. 睡眠时间长

　　C. 年龄小　　　　　　　D. 睡眠少

68. 穿衣服时，保育员应该督促较大幼儿（　　）。

　　A. 穿衣后自我检查　　　　B. 迅速穿衣后出去玩

　　C. 穿衣后帮助老师发放午点　　D. 穿衣后马上上厕所

69. 幼儿穿袜子前,应先( )。

   A. 分辨袜子的不同部位　　　B. 分辨袜跟

   C. 将袜子放平　　　　　　　D. 分辨袜筒

70. 为了方便管理,幼儿的服装应该有( )。

   A. 正反面标记　　　　　　　B. 扣子

   C. 花　　　　　　　　　　　D. 姓名标记

71. 玩/教具等在园物品的登记包括( )。

   A. 数量、质量、检查日期、地点

   B. 数量、颜色、名称、购买人

   C. 名称、数量、颜色、质量、检查日期

   D. 名称、检查日期

72. 幼儿正确的睡姿主要有右侧卧和( )等。

   A. 趴卧　　B. 仰卧　　C. 左侧卧　　D. 蒙头睡

73. 当幼儿能够坚持使用正确的姿势时,保育员要( ),使之形成习惯。

   A. 加强日常检查和提醒　　　B. 及时给予表扬和鼓励

   C. 加强个别幼儿的教育　　　D. 加强小组教育

74. ( )不是保育员接待来园的工作内容。

   A. 叠放外套　　　　　　　　B. 登记幼儿带来的药物

   C. 给幼儿吃药　　　　　　　D. 检查幼儿的衣兜

75. ( )是婴幼儿生病的迹象。

   A. 活泼好动　　　　　　　　B. 精神不振

   C. 眼睛有神　　　　　　　　D. 能吃能玩

76. 为幼儿准备液体药物时,应使用( )。

   A. 勺子　　B. 量杯　　C. 瓶盖　　D. 目测

77. 给幼儿滴眼药的方法是( )。

   A. 滴1~2滴　　　　　　　　B. 滴2~3滴

   C. 滴3~4滴　　　　　　　　D. 滴4~5滴

78. 滴鼻药后保教人员应该( )。

A. 让孩子马上起来

B. 拿掉枕头躺 3~5 min

C. 让孩子保持滴药的姿势，3~5 min 后再起来

D. 让孩子保持滴药的姿势，1~2 min 后再起来

79. 滴耳药前，应该（　　）。

    A. 挖耳中耵聍

    B. 揉耳

    C. 用棉签将耳道的脓液擦干净

    D. 拉耳

80. 分发餐具时，勺子或筷子的正确摆放位置是（　　）。

    A. 桌子上　　B. 盘子上　　C. 碗上　　D. 集中放置

81. 保育员给幼儿分发饭菜要（　　）。

    A. 少盛多添　　　　　　B. 规定添加次数

    C. 少盛少添　　　　　　D. 多盛，一次到位

82. 清洗饮水桶指的是洗（　　）。

    A. 饮水桶的外面　　　　B. 饮水桶的盖子

    C. 饮水桶的里面　　　　D. 饮水桶的里面和外面

83. 保育员应每天为幼儿准备（　　）。

    A. 开水　　　　　　　　B. 水管中的自来水

    C. 凉白开　　　　　　　D. 温度适宜的温开水

84. 无论什么季节，幼儿应该每天（　　）。

    A. 洗手、洗脸、洗头发、洗脚

    B. 洗手、洗脸、洗脚、洗臀部

    C. 洗手、洗脸、洗胳膊、洗臀部

    D. 洗手、洗脸、洗下肢、洗脚

85. 保育员应为幼儿准备（　　），以便幼儿排便时使用。

    A. 清洁的卫生纸　　　　B. 图书

    C. 玩具　　　　　　　　D. 食物

86. 幼儿排便后保育员应（　　）。

    A. 没有语言和表情　　　　　B. 表现出对粪便的厌恶

    C. 表扬幼儿　　　　　　　　D. 表现出对幼儿的气愤

87. （　　）不利于纠正幼儿的错误睡姿。

    A. 睡前检查　　　　　　　　B. 设置障碍

    C. 随时检查及时纠正　　　　D. 强行纠正

88. 对于午睡中尿床的幼儿，保育员应该（　　）。

    A. 让幼儿钻入湿被窝继续睡觉

    B. 让幼儿站着等待老师更换被褥

    C. 批评幼儿

    D. 让幼儿及时更换衣服，继续睡觉

89. 保育员唤醒遗尿幼儿的正确态度是（　　）。

    A. 不耐烦　　B. 亲切和蔼　　C. 气愤　　D. 冷淡

90. 幼儿穿裤子前应先（　　）。

    A. 分辨前后　　　　　　　　B. 双手提裤腰

    C. 将腿伸入裤腿　　　　　　D. 穿鞋

91. 管理玩具应（　　）。

    A. 摆放整齐，认真检查，定期清理，经常消毒

    B. 经常消毒，定期清理

    C. 摆放整齐，认真检查

    D. 随意堆放，定期清理，认真检查

92. 给幼儿调药的方法是（　　）。

    A. 把药物碾碎，用牛奶调成液体状

    B. 把药物碾碎，与白糖拌在一起成粉状

    C. 把药物碾碎，用橘汁调成液体状

    D. 把药物碾碎，用温水调成液体状

93. 给幼儿喂药后，应（　　）。

    A. 喂一些止吐药　　　　　　B. 不喂任何东西

C. 喂一些牛奶　　　　　　D. 喂糖水

94. 给幼儿滴眼药的方法是（　　）。

A. 滴在眼球上　　　　　　B. 滴在下眼皮上

C. 滴在眼中任意地方　　　D. 滴在下眼皮内

95. 分发餐具的时间是（　　）。

A. 餐前 20~30 min　　　　B. 餐前 30~40 min

C. 餐前 1 h　　　　　　　D. 餐前 2 h

96. 幼儿需要添饭菜时，保育员应该（　　）。

A. 置之不理

B. 及时添加

C. 待全班都需添加时再统一添加

D. 给喜欢的孩子添加

97. 非进餐环节幼儿出现的问题不应在（　　）解决。

A. 过渡环节　　　　　　　B. 进餐时

C. 进餐后　　　　　　　　D. 游戏中

98. 幼儿进餐时应避免说笑打闹，防止（　　）。

A. 异物入呼吸道　　　　　B. 异物入耳

C. 异物入眼　　　　　　　D. 塞牙

99. 3 岁以上幼儿喝水的正确行为是（　　）。

A. 走动喝水　　　　　　　B. 安静坐下慢慢喝

C. 边喝边和小朋友打闹　　D. 端起水杯急促喝完

100. 给幼儿洗澡时，应注意防止遗漏（　　），不留死角。

A. 脚趾　　　　　　　　　B. 耳朵

C. 身体褶皱处　　　　　　D. 头发

101. 保育员应为幼儿准备（　　）的便盆。

A. 清洁、有些冰凉　　　　B. 有其他幼儿粪便

C. 清洁且不冰屁股　　　　D. 清洁的湿的

102. 穿套头衣服的顺序是（　　）。

A. 穿袖子→头钻入领子→找到衣服正面

B. 头钻入领子→穿袖子→找到衣服正面

C. 找到衣服正面→穿袖子→头钻入领子

D. 头钻入领子→找到衣服正面→穿袖子

103. 幼儿学习系鞋带的年龄为（　　）岁。

　　A. 2～3　　　B. 3～4　　　C. 4～5　　　D. 5～6

104. 幼儿不正确的姿势主要有不正确的坐姿、不正确的站姿、（　　）、不正确的读写姿势和不正确的卧姿等。

A. 不正确的走姿　　　　　B. 不正确的跑姿

C. 不正确的走跑姿势　　　D. 不正确的跑跳姿势

105. 纠正幼儿不正确姿势的步骤是（　　）、讲解要领、要求模仿、日常检查和提醒。

A. 纠正错误　　　　　B. 总结

C. 练习　　　　　　　D. 示范

二、判断题（将判断结果填入括号中，正确的填"√"，错误的填"×"）

1. (　　) 正确擦屁股的方法是从后向前擦。

2. (　　) 便池的卫生标准是无尿碱、无异味。

3. (　　) 室温过高时应采用自然通风的方式降温。

4. (　　) 从冰箱取出滴鼻液后，应马上给幼儿滴鼻。

5. (　　) 幼儿园清洁用品和消毒用品应该由保育员保管。

6. (　　) 保育员应每天定时清洗饮水桶。

7. (　　) 应指导3岁以下幼儿端起水杯慢慢喝水。

8. (　　) 冬天应该用凉水给幼儿洗澡。

9. (　　) 幼儿应该叠出豆腐块样的被子。

10. (　　) 冬季天冷应关窗保温。

11. (　　) 夏季室温过高，可以采用开窗通风的方法降温。

12. (　　) 保育员配制消毒液的时间应该为何时需要何时配制。

13. (　　) 所有危险品容器都应该随垃圾倒掉。

14. (　　) 分发饭事时给幼儿应少盛菜多盛汤。

15. (　　) 毛巾的准备包括清洗、消毒、晾晒和挂放。

16. (　　) 在保管物品方面保育员应该做到来路明、销路清、不丢失。

17. (　　) 幼儿鼻子出血时，身体应该前倾。

18. (　　) 高级奶粉与母乳喂养一样有营养，所以可以替代母乳喂养。

19. (　　) 为做好饭菜的保温保洁，饭盆应加盖。

20. (　　) 餐桌椅的位置固定有利于幼儿产生食欲。

21. (　　) 不管幼儿的饮食情况如何，保育员都不应让孩子在睡眠时上厕所。

22. (　　) 为了让幼儿的膳食有滋有味，应该多放盐和油。

23. (　　) 保育员应该将幼儿的药物和小物件放到桌子上。

24. (　　) 保育员应把满杯温度适中的水放置在幼儿面前。

25. (　　) 图书应该摆放在书架上，书架的高度不限。

参 考 答 案

一、单项选择题

1. A	2. A	3. A	4. D	5. C	6. B	7. D	8. D	9. C	10. B
11. A	12. A	13. D	14. B	15. A	16. C	17. C	18. C	19. A	20. A
21. C	22. D	23. B	24. B	25. B	26. D	27. A	28. D	29. D	30. A
31. D	32. B	33. C	34. A	35. B	36. C	37. D	38. C	39. A	40. A
41. D	42. C	43. D	44. D	45. C	46. D	47. A	48. D	49. C	50. B
51. D	52. C	53. A	54. C	55. D	56. A	57. C	58. C	59. D	60. A
61. C	62. B	63. D	64. C	65. D	66. C	67. D	68. A	69. A	70. D
71. C	72. B	73. B	74. C	75. B	76. B	77. A	78. C	79. C	80. C
81. A	82. D	83. D	84. B	85. A	86. C	87. D	88. D	89. B	90. A
91. A	92. D	93. D	94. D	95. A	96. B	97. D	98. A	99. B	100. C

101. C 102. D 103. C 104. C 105. D

二、判断题

1. × 2. √ 3. × 4. × 5. √ 6. × 7. √ 8. × 9. √ 10. ×
11. × 12. √ 13. × 14. × 15. √ 16. √ 17. √ 18. × 19. × 20. √
21. × 22. × 23. × 24. × 25. ×

第五章 配合教育

考核要点

考核范围	考核要点	重要程度
幼儿园一日生活	1. 幼儿一日生活的内容	掌握
	2. 接待幼儿入园	掌握
	3. 有组织的教育活动	掌握
	4. 设计与组织教育活动应注意的事项	掌握
	5. 户外活动的价值	熟悉
	6. 幼儿园一日生活的原则	熟悉
	7. 幼儿园一日生活的教育意义	熟悉
	8. 幼儿生活常规的概念	熟悉
	9. 幼儿生活常规教育的意义	熟悉
	10. 幼儿生活常规教育的内容	熟悉
	11. 幼儿生活常规教育的实施要领	熟悉
	12. 幼儿生活常规教育的实施要求	熟悉
	13. 培养幼儿良好生活习惯的途径	熟悉
环境创设	1. 幼儿园环境的概念	掌握
	2. 幼儿园环境的特点	熟悉
	3. 幼儿园环境的分类	熟悉
	4. 幼儿园环境创设的意义	掌握
	5. 幼儿园环境创设的原则	掌握
	6. 环境创设的基本要求	掌握
	7. 幼儿园精神环境创设的意义	掌握
	8. 幼儿园精神环境创设的要求	熟悉

续表

考核范围	考核要点	重要程度
环境创设	9. 幼儿园精神环境对幼儿发展的影响	熟悉
	10. 保教人员言行在幼儿心理环境形成中的作用	熟悉
保育工作记录	1. 保育工作记录的主要内容	熟悉
	2. 全班幼儿活动情况的记录	熟悉
	3. 个别幼儿情况的记录	熟悉
	4. 物品情况的记录	熟悉
	5. 保育员工作记录的注意事项	熟悉
家园合作	1. 家园合作对幼儿园教育的重要性	熟悉
	2. 与家长进行有效沟通的策略	熟悉
	3. 与家长沟通和交流的方法	熟悉
	4. 家园合作存在的问题	熟悉

重点复习提示

一、幼儿园一日生活

1. 幼儿一日生活的内容

幼儿园一日生活包含了幼儿在园的所有活动，主要有生活活动、学习活动、游戏活动、户外活动、晨检、盥洗、进餐、睡眠、劳动、散步、离园和间隙活动等。

2. 接待幼儿入园

晨检是接待幼儿入园的重要环节。包括：一摸、二看、三问、四查，具体见第四章重点提示。

3. 有组织的教育活动

有组织的教育活动是教师从幼儿的兴趣和实际水平出发，循序渐进地组织实施全面发展教育的活动。

4. 设计与组织教育活动应注意的事项

（1）每项教育活动应有明确的、适宜的要求。

（2）组织教育活动应充分利用周围环境的有利条件。

（3）灵活采用集体的、分组的或个体的活动形式。

（4）活动中引导幼儿运用各种感官积极参与活动过程。

（5）促进每个幼儿在原有水平上发展进步。

（6）每次教育活动的时间，可根据活动的内容、活动的方式和年龄而定，有长有短，以幼儿不疲劳为限。

5. 户外活动的价值

（1）户外活动能促进幼儿心理健康发展。

（2）户外活动能促进幼儿动作的发展。

（3）户外活动能增强幼儿的体质，提高其适应能力。

（4）户外活动能促进幼儿认知的发展。

（5）户外活动能促进幼儿审美的发展。

6. 幼儿园一日生活的原则

（1）动态活动和静态活动交替原则。

（2）室内活动和户外活动交替原则。

（3）正规活动和非正规活动交替原则。

（4）集体活动、分组活动及个体活动交替原则。

（5）稳定性与灵活性相结合的原则。

7. 幼儿园一日生活的教育意义

（1）一日生活有助于幼儿适应幼儿园生活，为今后的发展打下基础。

（2）一日生活有利于促进幼儿生长发育。

（3）一日生活有利于促进幼儿心理健康的发展。

（4）一日生活有助于幼儿养成良好的生活习惯。

（5）一日生活有助于培养幼儿生活自理能力和劳动观念。

（6）一日生活是学习的重要途径。

8. 幼儿生活常规的概念

幼儿生活常规是幼儿园为培养幼儿良好的生活习惯和生活基本能力，促进幼儿健康成长而制定的幼儿园生活各环节的基本规则和要求。

9. 幼儿生活常规教育的意义

（1）生活常规教育促进幼儿形成良好的生活习惯。

（2）生活常规教育促进幼儿身体各系统的生长发育。

（3）生活常规教育是实现幼儿园教育目标的重要保证。

10. 幼儿生活常规教育的内容

（1）引导幼儿有规律地生活，自觉遵守作息时间和生活制度。

（2）教幼儿学习生活的基本技能，培养幼儿的生活自理能力。

（3）培养幼儿良好的生活习惯和卫生习惯。

11. 幼儿生活常规教育的实施要领

（1）对不同年龄幼儿的要求应有差别。

（2）要求具体而规范。

（3）保育和教育相结合。

（4）注意照顾个体差异。

12. 幼儿生活常规教育的实施要求

（1）示范讲解法，分为整体示范讲解法和分解示范讲解法。

（2）操作法，是养成教育的主要方法。

（3）集中训练法与个别指导法。

（4）随机教育法。

13. 培养幼儿良好生活习惯的途径

（1）渗透到一日生活中进行教育。

（2）开展适宜的教育教学活动。

（3）充分发挥教育合力。

二、环境创设

1. 幼儿园环境的概念

广义的幼儿园环境指幼儿园教育赖以进行的一切条件的总和,既包括幼儿园内部环境,也包括园外的家庭、社会、自然、文化等大环境。

狭义的幼儿园环境指在幼儿园中对幼儿身心发展产生影响的物质与精神要素的总和,它涵盖幼儿园的全体工作人员、幼儿、房舍、空间布局等,一定的教育制度与观念以及文化传统,形成综合的、动态的、有形与无形相结合的教育空间。

2. 幼儿园环境的特点

(1)幼儿园环境的教育性。

(2)幼儿园环境的可控性。

3. 幼儿园环境的分类

根据环境构成的性质来划分,幼儿园环境分为物质环境和精神环境。物质环境可分为自然物质环境和社会物质环境两个部分。精神环境指幼儿与教师、教师之间、幼儿之间的人际关系及幼儿园的班风、园风等精神氛围。

4. 幼儿园环境创设的意义

(1)良好的幼儿园环境能给幼儿提供发展的保障。

(2)良好的幼儿园环境能够促进幼儿身心健康发展。

(3)良好的幼儿园环境能够激发幼儿的创造潜能。

5. 幼儿园环境创设的原则

(1)环境与目标一致性原则。

(2)发展适宜性原则。

(3)幼儿参与性原则。

(4)开放性原则。

(5)安全性原则。

(6)经济性原则。

6. 环境创设的基本要求

（1）让环境蕴含目标。

（2）让幼儿感兴趣，更使其增加兴趣。

（3）尽可能让幼儿感到环境是由自己控制的而不是由教师决定的。

7. 幼儿园精神环境创设的意义

（1）有利于幼儿适应幼儿园生活。

（2）有利于幼儿形成良好个性，适应社会生活。

（3）有利于幼儿的成长与发展。

8. 幼儿园精神环境创设的要求

（1）创设良好的物质环境。

（2）创设宽容理解的环境。

（3）建立良好的集体氛围。

（4）建立良好的人际关系。

（5）形成良好的幼儿园风气。

9. 幼儿园精神环境对幼儿发展的影响

教师对幼儿的态度、幼儿之间的同伴关系是构成幼儿园精神环境的重要内容，在一定程度上决定着幼儿的身心是否能够得到健康发展。

10. 保教人员言行在幼儿心理环境形成中的作用

（1）对幼儿安全感有影响。

（2）对幼儿自我价值形成有影响。

（3）对幼儿独立人格形成有影响。

三、保育工作记录

1. 保育工作记录的主要内容

（1）全班幼儿的活动情况。

（2）个别幼儿的情况。

（3）设备、材料及物品的使用和剩余情况。

2. 全班幼儿活动情况的记录

（1）活动的分组情况。

（2）幼儿在活动中的身体、情绪及参与活动的情况。

3. 个别幼儿情况的记录

（1）体弱儿的身体和活动情况。

（2）个别需要帮助的幼儿的情况。

（3）幼儿的交往情况及在活动中发生的各种情况等。

4. 物品情况的记录

（1）物品的使用情况。

（2）下一次活动需要继续保留的设备、物品和材料的情况。

（3）需要维修和更换的设备情况等。

5. 保育员工作记录的注意事项

（1）要根据不同的目的准备好记录的表格。

（2）记录内容应客观、及时、真实地反映儿童活动的本来面目。

四、家园合作

1. 家园合作对幼儿园教育的重要性

（1）家园合作能为幼儿身心发展创造良好的条件。

（2）家园合作有利于充分利用家长资源。

（3）家园合作可以帮助家长树立正确的教育观念和教育方法，掌握科学的教育方法。

（4）家园合作可以密切亲子关系，改进家庭教育形成教育合力。

2. 与家长进行有效沟通的策略

（1）换位思考，尊重家长。

（2）客观评价，取得信任。

（3）讲究方法，艺术沟通。

（4）软化矛盾，冷静处理。

3. 与家长沟通和交流的方法

（1）口语交流法，如家访、家长会、家长学校、家庭教育咨询、家庭教育经验交流会。

（2）文字法，如问卷调查、家园联系手册、宣传栏。

（3）活动法，如观摩活动、庆祝活动、服务活动、管理活动。

4. 家园合作存在的问题

（1）家园合作不够深入，较多停留在表面。

（2）家庭与幼儿园的教育内容脱节，表现在家长来幼儿园参与活动不过是和幼儿玩，回家后不大可能把这些和家庭教育联系起来。

理论知识辅导练习题

一、单项选择题（选择一个正确的答案，将相应的字母填入题内的括号中）

1. 保育员在做好室外活动场地的准备工作后，应在幼儿到室外进行活动时，（　　）。

  A. 做好下一个活动的准备　　B. 做好室内卫生

  C. 为其穿好衣服　　　　　　D. 为班里开窗通风

2. 保育员在做室外活动准备工作时，应帮助幼儿检查服装和鞋帽，并根据天气情况随时提醒、帮助（　　）。

  A. 教师设计场地　　　　　　B. 幼儿增减衣服

  C. 教师取放物品　　　　　　D. 幼儿分组

3. （　　）是幼儿园室外活动的大型设备/材料。

  A. 滑梯　　　　　　　　　　B. 玩沙、玩水等使用的小桶、小铲等

  C. 拱形圈　　　　　　　　　D. 羊角球

4. 保育员在进行室外活动后收拾整理工作时应注意（　　）和做好保护性措施。

A. 调动幼儿的活动积极性　　　B. 与幼儿共同游戏

C. 安全第一　　　　　　　　　D. 加强与教师的沟通

5. 在户外体育游戏活动中，保育员应引导幼儿主动地参与，积极地探索，激发幼儿的兴趣，这体现了指导游戏的（　　）原则。

A. 适宜性　　B. 教育性　　C. 指导性　　D. 主动性

6. 《幼儿园工作规程》规定，幼儿每日户外活动时间不少于 2 h，寄宿制幼儿园不得少于 3 h，其中体育活动时间不少于（　　）h。

A. 1　　　　B. 1.5　　　C. 2　　　　D. 3

7. 全班幼儿活动情况记录的主要内容有（　　）。

A. 活动的分组情况　　　　　B. 个别幼儿的情况

C. 幼儿的数量　　　　　　　D. 教育活动的内容

8. 保育员在做记录时应该描述幼儿的行为表现，而不是（　　）。

A. 记录幼儿的活动内容　　　B. 描述全班幼儿的活动情况

C. 记录教师的教育情况　　　D. 解释幼儿的行为表现

9. （　　）的进行贯穿于幼儿日常生活之中，只要是与孩子有关的人，都客观上承担着教育的责任。

A. 家庭教育　　B. 学校教育　　C. 文化教育　　D. 个性化教育

10. 不管是幼儿园还是家庭，在目标上都是统一的，都希望幼儿能得到（　　）的发展，都希望幼儿能成为一个有用的人。

A. 丰富的　　B. 全面的　　C. 理想的　　D. 深入的

11. 幼儿园要根据家长的不同特点，进行（　　）和分层次的指导，注意灵活性。

A. 分类型　　　　　　　　　B. 分水平

C. 分教育程度　　　　　　　D. 分经济背景

12. 家长是幼儿园教育非常重要的社会资源，尤其在人力和（　　）的支持方面，家长是幼儿园的同盟军。

A. 金钱　　　B. 能力　　　C. 表现　　　D. 物力

13. 保育员要与幼儿和教师共同对活动的场地、设备、活动中使用的工具和

（　　）等进行初步的收拾和整理。

　　A. 娃娃　　　B. 材料　　　C. 玩具　　　D. 其他

14. 在做准备和整理工作时，保育员应正确处理好（　　）和指导幼儿工作的关系。

　　A. 幼儿学习　　　　　　　B. 教师劳动

　　C. 儿童活动　　　　　　　D. 自己劳动

15. 量瓶、烧杯等各种容器是（　　）的玩具和材料。

　　A. 象征性游戏　　　　　　B. 建构游戏

　　C. 科学活动　　　　　　　D. 语言活动

16. 刷子、笔洗等是（　　）的玩具和材料。

　　A. 象征性游戏　　　　　　B. 建构游戏

　　C. 语言活动　　　　　　　D. 绘画活动

17. （　　）是向幼儿渗透学习点数非常好的时机。

　　A. 吃饭　　　B. 吃樱桃　　　C. 吃苹果　　　D. 吃梨

18. 幼儿通过观看、（　　）、品味、闻嗅、触摸及运动等各种感知觉认识周围世界，并通过这些具体而生动的经验进行学习。

　　A. 游戏　　　B. 倾听　　　C. 练习　　　D. 摆弄

19. 保育员要为幼儿创设一个安全、卫生、符合其发展需要和（　　）的美好环境。

　　A. 美感　　　B. 儿童喜欢　　　C. 教育要求　　　D. 自由活动需要

20. 活动前，保育员应根据教育目标协助教师启发幼儿对将要开展的活动进行思考，协助教师稳定幼儿的情绪，照顾个别幼儿和体弱幼儿，（　　）。

　　A. 做好物质准备

　　B. 与教师共同创设一个和谐、宽松的活动氛围

　　C. 准备好材料

　　D. 准备好设备、物品和材料

21. 儿童服装表演属于（　　）。

　　A. 艺术领域游戏活动　　　　B. 探索活动

C. 象征性游戏　　　　　　　D. 建构游戏

22. 电池、手电等电器用品是（　　）的玩具和材料。

　　A. 象征性游戏　　　　　　　B. 科学活动

　　C. 建构游戏　　　　　　　　D. 语言活动

23. 积木区的游戏不仅能发展幼儿的小肌肉，而且能促进幼儿（　　）。

　　A. 空间认知的发展　　　　　B. 科学知识的发展

　　C. 大肌肉的发展　　　　　　D. 精细动作的发展

24. 游戏可以丰富学前儿童的（　　），满足他们探索世界的愿望和发展他们的社交能力。

　　A. 知识经验　　B. 生活知识　　C. 实践知识　　D. 交往知识

25. 垫子是幼儿园（　　）的中型设备/材料。

　　A. 室外活动　　B. 表演活动　　C. 音乐活动　　D. 美术活动

26. 各种跳绳是幼儿园室外活动的（　　）设备/材料。

　　A. 大型　　　　B. 中型　　　　C. 小型　　　　D. 微型

27. 带幼儿到室外活动时，保育员注意观察幼儿行为表现的主要目的是（　　）。

　　A. 及时发现问题，消除安全隐患

　　B. 不断丰富活动内容

　　C. 考察设备条件的适应性

　　D. 做好保育工作记录

28. （　　）是所有幼儿园体育游戏中最常使用的设备。

　　A. 登山墙　　　　　　　　　B. 综合性滑梯

　　C. 攀爬树　　　　　　　　　D. 枪弹

29. 保育员在协助教师组织幼儿活动时，应（　　），做好安全和材料、设备的管理工作。

　　A. 调动幼儿的活动积极性　　B. 熟悉活动的内容与要求

　　C. 眼中有孩子　　　　　　　D. 加强与教师的沟通

30. 在户外活动中对全体幼儿进行观察时，保育员应该（　　）。

A. 注意环境的安全性与适宜性

B. 反复提示安全问题

C. 注意分析幼儿个性

D. 注意幼儿与他人的合作

31. （　　）的主要内容有：全班幼儿的活动情况、个别幼儿的情况和设备、材料、物品的使用情况。

A. 教育计划　　　　　　　B. 保育计划

C. 教育工作的记录　　　　D. 保育工作记录

32. 记录（　　）主要是记录体弱幼儿的身体和活动情况以及个别需要帮助的幼儿的情况。

A. 全班幼儿的情况　　　　B. 体弱幼儿的情况

C. 个别幼儿的情况　　　　D. 淘气幼儿的情况

33. 幼儿接触最早的教育是（　　）。

A. 比幼儿园教育更加丰富多变的社会公共教育

B. 比幼儿园教育更加单纯多变的幼儿社会教育

C. 比社会教育更加多变的婴儿医护教育

D. 幼儿家庭教育

34. 幼儿园要向家长讲解幼儿身心发展的一般规律和（　　），使家长具备一些生理学、心理学知识，为教育孩子做好准备。

A. 哲学知识　　　　　　　B. 差异心理知识

C. 教育理念　　　　　　　D. 遗传知识

35. 托幼机构向家长提出的要求应当（　　），要体谅家长的困难，加深彼此之间的融洽感情。

A. 满足教师的需要　　　　B. 适宜家长的个人能力

C. 切合实际情况　　　　　D. 符合家长的经济情况

36. 在做准备和整理工作时，保育员要有强烈的（　　），应该把其看成是培养儿童良好的生活、卫生习惯的好机会，重视其中的教育价值。

A. 责任感　　B. 目标意识　　C. 劳动意识　　D. 工作意识

37. 橡皮泥是（　　）的材料。

　　A. 表演游戏　　B. 手工游戏　　C. 数学游戏　　D. 语言活动

38. 按教师对游戏的干预程度分，可以把游戏分为自由游戏和（　　）两种。

　　A. 有规则的游戏　　　　　　B. 集体游戏

　　C. 教学游戏　　　　　　　　D. 活动性游戏

39. 不发展幼儿大肌肉的户外游戏有（　　）。

　　A. 玩沙游戏　　　　　　　　B. 单杠游戏

　　C. 跳高板游戏　　　　　　　D. 背人游戏

40. 户外活动结束后，（　　）负责善后整理和安全防护工作，遇到幼儿需要大小便，需有专人护送。

　　A. 幼儿　　B. 教师　　C. 保育员　　D. 体育教师

41. 保育员应根据幼儿的（　　）选择和指导体育游戏，这体现了指导游戏的适宜性原则。

　　A. 兴趣需要　　B. 需要　　C. 年龄特点　　D. 游戏特点

42. 保育员在领幼儿散步时，让他们看到柳树长出了绿芽，风儿一吹，柳条在池塘边飘舞，这可以促进幼儿（　　）的发展。

　　A. 体质　　B. 道德　　C. 美感　　D. 音乐

43. 保育员在幼儿户外活动时的主要工作是（　　）。

　　A. 提醒幼儿注意安全　　　　B. 赞扬幼儿想象力

　　C. 观察并指导幼儿的活动　　D. 解决幼儿间的冲突

44. 个别儿童记录情况的主要内容是体弱幼儿的身体和活动情况以及（　　）。

　　A. 吃饭情况

　　B. 睡眠情况

　　C. 个别需要帮助的儿童的情况

　　D. 交往情况

45. 设计保育工作记录表格时，要考虑记录的目的和内容不要过于烦琐，应该以记录方便、省时、（　　）为目的。

　　A. 格式正确　　B. 可行　　C. 省力　　D. 详细

46. 向家长群体介绍园所教育工作的基本情况和今后的计划，反馈幼儿在园所的表现等，适宜采取的形式是（　　）。

　　A. 家长会　　B. 家庭访问　　C. 家长学校　　D. 教育讲座

47. 尊重家长即尊重家长作为教育者的（　　）和人格尊严。

　　A. 活动参与　　B. 合法参与　　C. 工作协助　　D. 主体地位

48. 教师向家长告状是（　　）。

　　A. 平等合作的前提　　　　B. 正常沟通的方法

　　C. 推诿责任的表现　　　　D. 积极解决问题

49. 在参与集体活动指导时，保育员应组织（　　）的活动，满足孩子不同的学习需要。

　　A. 不同的课　　B. 不同练习　　C. 不同形式　　D. 不同榜样

50. 儿童的社会性交往退缩往往可以通过（　　）来进行干预。

　　A. 表演游戏　　B. 角色游戏　　C. 美工活动　　D. 语言活动

51. 故事磁带是（　　）常用的材料。

　　A. 语言活动　　B. 象征性戏　　C. 建构游戏　　D. 探索游戏

52. 在体育游戏中为幼儿提供的设备应强调游戏性和（　　）。

　　A. 生活性　　B. 功能性　　C. 发展性　　D. 安全性

53. 设备、材料和物品使用情况记录的主要内容是本班设备、材料和物品的使用情况和（　　），下一次活动需要继续保留的设备、物品和材料的情况，需要维修和更换的设备情况等。

　　A. 室外活动的设备、物品和材料

　　B. 室内活动的设备、物品和材料

　　C. 体育活动的设备、物品和材料

　　D. 外借的设备、材料和物品的使用情况

54. 家庭因素的复杂性注定了家庭教育的效果（　　）。

　　A. 比幼儿园教育更加丰富多变

　　B. 比幼儿园教育更加单纯多变

　　C. 比社会教育更加多变

D. 比社会教育更加单纯

55. 家园有效合作的前提是保教人员与家长之间的相互尊重，幼儿园方面要（　　）家长。

  A. 经常沟通 B. 平等对待 C. 每天联系 D. 参与教育

56. 活动前，保育员应根据教育目标协助教师启发幼儿对将要开展的活动进行思考，协助教师稳定幼儿的情绪，（　　），与教师共同创设一个和谐、宽松的活动氛围。

  A. 做好物质准备 B. 照顾个别幼儿

  C. 准备好材料 D. 准备好设备、物品和材料

57. （　　）不是绘画活动经常使用的材料。

  A. 颜料和盛颜料的容器 B. 剪刀、胶棒

  C. 橡皮泥 D. 刷子和毛笔

58. 保育员应根据幼儿的实际经验和兴趣，在游戏过程中（　　），保持愉快的情绪，促进幼儿能力和个性的全面发展。

  A. 给予适当的指导 B. 与儿童共同游戏

  C. 给予直接指导 D. 指导幼儿制定游戏规则

59. 幼儿园坐落在社区的中心，旁边的高楼林立，保育员在带领幼儿散步时告诉他们21栋的前面是19栋，18栋的前面是16栋，使幼儿在散步的同时也获得了（　　）方面的发展。

  A. 科学 B. 数学 C. 美术 D. 音乐

60. 保育工作记录的内容主要有：（　　）、个别儿童的情况和设备、材料、物品的使用情况。

  A. 教育活动的内容 B. 全班幼儿的活动情况

  C. 孩子的数量 D. 教师的教育情况

61. 设计保育工作记录表格时，要考虑记录的（　　），应该以记录方便、省时、省力为目的。

  A. 目的和内容不要过于烦琐 B. 格式要正确

  C. 实用性 D. 必要性

62. 尊重家长要求幼儿园要允许和欢迎家长了解幼儿园工作，（   ）幼儿园的教育工作。

    A. 指导和评价　　　　　　　B. 参与和评价

    C. 协助和决定　　　　　　　D. 决策和决定

二、判断题（将判断结果填入括号中，正确的填"√"，错误的填"×"）

1.（   ）深入了解每位家长的需要和特点是保育员做好家长工作的重要保证。

2.（   ）上课是学前儿童学习活动的主要方式。

3.（   ）幼儿到室外活动时，保育员注意观察幼儿行为表现的主要目的是考察设备条件的适应性。

4.（   ）记录全班幼儿的情况主要是记录体弱幼儿的身体、活动情况以及个别需要帮助的儿童的情况。

5.（   ）保育工作记录主要记录本班设备、材料和物品的使用情况和需要维修和更换的设备情况。

6.（   ）保育员在做收拾整理工作时，要把废旧材料清理干净，并及时开窗通风，保证室内场地、设备的清洁卫生。

7.（   ）保育员应根据不同的目的准备好记录的表格。

8.（   ）"他非常讨厌小浩，不愿意与他玩儿。"这条记录是做了客观描述的记录。

9.（   ）教师与家长和幼儿的沟通，主要靠技巧。

10.（   ）在协助教师组织活动的过程中，保育员主要是完成教师交办的各项任务。

11.（   ）《幼儿园工作规程》规定，幼儿每日户外活动时间不少于 3 h。

12.（   ）幼儿园教师必须进行家庭教育指导。

13.（   ）供幼儿记录的纸和笔等是幼儿进行科学探索活动常用的设备和材料。

14.（   ）在幼儿园手工活动中，应尽量让每个幼儿都有操作的机会。

15.（　　）保育员应因地制宜地为幼儿创设游戏条件，如游戏的时间、游戏的空间和游戏的材料等。

16.（　　）户外活动结束后，保育员负责善后整理和安全防护工作，遇到幼儿需要大小便，需有教师与保育员一同护送回班。

17.（　　）由于孩子们在室外活动时很兴奋，所以在活动结束后，协助保育员与教师整理材料能够帮助幼儿很好地进行环节过渡。

18.（　　）幼儿园不能把家长当作财力、物力利用的对象。

19.（　　）教具可以放在分类柜中不固定的位置。

20.（　　）三角铁、响板等是幼儿进行科学探索活动常用的设备活动材料。

参 考 答 案

一、单项选择题

1. D 2. B 3. A 4. C 5. D 6. A 7. A 8. D 9. A 10. B
11. A 12. D 13. B 14. D 15. C 16. D 17. B 18. B 19. C 20. B
21. A 22. B 23. A 24. A 25. A 26. C 27. A 28. B 29. B 30. A
31. D 32. C 33. C 34. C 35. C 36. B 37. B 38. C 39. A 40. C
41. C 42. C 43. C 44. C 45. C 46. A 47. D 48. C 49. C 50. B
51. A 52. D 53. D 54. A 55. B 56. B 57. C 58. A 59. B 60. B
61. A 62. B

二、判断题

1. √ 2. × 3. × 4. × 5. × 6. √ 7. √ 8. × 9. × 10. ×
11. × 12. √ 13. √ 14. √ 15. √ 16. × 17. √ 18. √ 19. × 20. ×

第二部分

操作技能考核指南

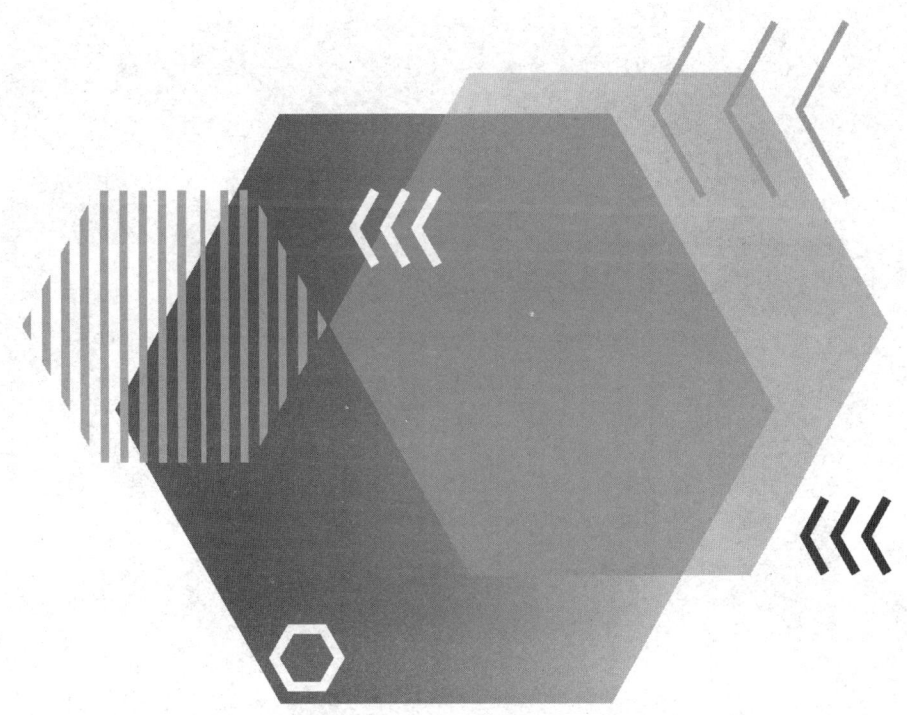

考核内容层次结构表

考核内容层次结构表是操作技能题库的主体框架，它是在深入分析职业特点的基础上，按照操作技能题库理论模型，结合职业技能等级认定工作的要求开发设计的，充分体现了题库的总体结构和设计思路。

考核内容层次结构表采取模块化的结构形式，既可以保证考核内容的完整性、统一性，又能够满足各技能等级之间在考核内容和考核形式上的不同要求，同时它也是组成试卷的重要依据。操作技能考核的考核范围、考核比重、考核时间和考核形式在考核内容结构表中都做了明确的规定。

保育员（初级）操作技能考核内容层次结构表见表 2-1。根据《保育员国家职业技能标准（2019 年版）》的要求，将初级保育员的全部操作技能考核内容划分为"卫生管理""生活管理""配合教育" 3 个一级模块和 14 个二级模块，并在二级模块下标有选考方式、考核比重、考核时间和考核形式，考核时根据本表组成考核试卷。

表 2-1 保育员（初级）操作技能考核内容层次结构表

考核要求＼考核范围	卫生管理		生活管理							配合教育					合计
	清洁	消毒	健康观察	防范意外伤害	组织进餐	组织饮水	组织盥洗、如厕	组织睡眠	保管和使用物品	配合室内教育活动	配合室外教育活动	环境创设	参与家长工作	保育工作记录	
选考方式	必考									必考		—	必考		14项
考核比重 /%	16	10	6	2	8	6	8	6	6	10	10	—	6	6	100
考核时间 /min															90
考核形式	简答题、分析题									简答题、分析题					简答题、分析题

考核要素细目表

考核要素细目表是操作技能题库总体结构和考核内容层次结构表的具体表现形式，该表按照技能等级分别列出，共分为两级模块。二级模块下的"考核点"即为操作技能考核试题的考核内容。保育员（初级）操作技能考核要素细目表见表2-2。

表2-2 保育员（初级）操作技能考核要素细目表

考核范围（一级）			考核范围（二级）			考核点		重要程度
代码	名称	考核比重	代码	名称	考核比重	代码	名称	
A	卫生管理	26%	A	清洁	16%	001	活动室和寝室清洁工作的准备	熟悉
						002	活动室清洁的一般程序	熟悉
						003	活动室清洁的规则	熟悉
						004	活动室清洁卫生的具体操作	熟悉
						005	门的清洁操作	熟悉
						006	玩具柜的清洁操作	熟悉
						007	窗户的清洁操作	熟悉
						008	活动室地面的清洁操作	熟悉
						009	寝室清洁卫生的一般程序	熟悉
						010	寝室清洁卫生的具体操作	熟悉
						011	整理清洁床铺的具体操作	熟悉
						012	盥洗室清洁工作的准备	熟悉
						013	盥洗室清洁工作的程序	熟悉
						014	盥洗室清洁工作的标准	熟悉
						015	水池清洁工作的具体操作	熟悉
						016	便池清洁工作的具体操作	熟悉

续表

考核范围（一级）			考核范围（二级）			考核点		
代码	名称	考核比重	代码	名称	考核比重	代码	名称	重要程度
A	卫生管理	26%	A	清洁	16%	017	盥洗室地面清洁的具体操作	熟悉
						018	清洁双手的具体方法	熟悉
			B	消毒	10%	001	桌子的消毒	熟悉
						002	毛巾的消毒	熟悉
						003	水杯的消毒	熟悉
						004	抹布的而消毒	熟悉
						005	玩具、图书的消毒	熟悉
						006	便池、便盆的消毒	了解
						007	消毒工作注意事项	熟悉
						008	常用的消毒方法	熟悉
						009	消毒液配制的工作程序	熟悉
						010	消毒液配制的注意事项	熟悉
						011	日托幼儿园晨、午、晚检的协助工作	熟悉
						012	整托幼儿园晨、午、晚检的协助工作	熟悉
B	生活管理	42%	A	健康观察	6%	001	喂药的准备	熟悉
						002	喂药的方法	熟悉
						003	幼儿衣着及携带物品的检查	熟悉
						004	协助体检的工作程序	掌握
			B	防范意外伤害	2%	001	蹭破皮肤的处理方法	熟悉
						002	扎刺的处理方法	熟悉
						003	挤伤的处理方法	熟悉
						004	划伤、切割伤的处理方法	熟悉
			C	组织进餐	8%	001	食物保温和保洁的方法	熟悉
						002	食物保洁的原则	掌握
						003	分发餐具的方法	熟悉
						004	值日生分发餐具的指导	熟悉
						005	分发饭菜的方法	熟悉
						006	分发饭菜的工作程序	熟悉

续表

考核范围（一级）			考核范围（二级）			考核点		
代码	名称	考核比重	代码	名称	考核比重	代码	名称	重要程度
B	生活管理	42%	C	组织进餐	8%	007	分发饭菜的注意事项	熟悉
						008	进餐物质环境的营造	掌握
						009	进餐精神环境的营造	掌握
						010	进餐意外问题的解决	熟悉
			D	组织饮水	6%	001	清洗饮水桶的方法	熟悉
						002	准备饮用水的方法	熟悉
						003	提供饮用水的注意事项	熟悉
						004	指导幼儿正确饮水	熟悉
						005	培养幼儿良好的饮水习惯	掌握
						006	组织幼儿饮水的注意事项	熟悉
			E	组织盥洗、如厕	8%	001	为幼儿盥洗准备毛巾的程序	熟悉
						002	幼儿身体的清洁方法	熟悉
						003	清洗幼儿身体的注意事项	熟悉
						004	幼儿洗手的准备	熟悉
						005	指导幼儿洗手的方法	熟悉
						006	幼儿大小便的准备	熟悉
						007	幼儿大小便的观察方法	熟悉
						008	照顾幼儿大小便的指导	熟悉
			F	组织睡眠	6%	001	为幼儿创设良好的睡眠环境	熟悉
						002	幼儿睡眠的组织	熟悉
						003	幼儿睡眠姿势的纠正	熟悉
						004	幼儿遗尿的处理程序	熟悉
						005	幼儿穿脱衣服的指导	熟悉
						006	指导幼儿穿脱衣服的注意事项	熟悉
						007	幼儿晾被、叠被的程序	熟悉
						008	整理寝室的程序	熟悉

续表

考核范围（一级）			考核范围（二级）			考核点		
代码	名称	考核比重	代码	名称	考核比重	代码	名称	重要程度
B	生活管理	42%	G	保管和使用物品	6%	001	物品管理记录的基本程序	熟悉
						002	衣物、被褥、寝具的管理方法	熟悉
						003	玩/教具的管理要求	熟悉
						004	图书的管理要求	熟悉
						005	更换维修设备的工作要求	了解
						006	定期检查危险品的内容和方法	熟悉
C	配合教育活动	32%	A	配合室内教育活动	10%	001	室内教育活动前材料的准备要求	熟悉
						002	室内教育活动前桌椅的准备要求	熟悉
						003	室内教育活动前准备工作的注意事项	熟悉
						004	室内教育活动后的收拾整理工作要求	熟悉
						005	室内教育活动后整理工作的注意事项	熟悉
						006	纠正幼儿不良姿势的工作程序	熟悉
						007	纠正幼儿不良姿势的注意事项	了解
						008	参与活动指导的注意事项	了解
						009	幼儿园科学活动的常用材料	了解
						010	幼儿园音乐、美术活动常用的设备和材料	了解
			B	配合室外教育活动	10%	001	室外活动场地准备的工作要求	熟悉
						002	室外活动材料准备的工作要求	熟悉
						003	室外活动场地准备的注意事项	熟悉
						004	室外活动材料准备的注意事项	熟悉
						005	室外活动结束后整理工作的要求	熟悉
						006	室外活动的安全保护措施	熟悉
						007	室外活动如厕指导	熟悉
						008	室外活动穿脱衣服指导	熟悉
						009	协助教师组织幼儿室外活动的工作程序	熟悉
						010	协助教师组织幼儿室外活动的注意事项	熟悉

续表

考核范围（一级）			考核范围（二级）			考核点		重要程度
代码	名称	考核比重	代码	名称	考核比重	代码	名称	
C	配合教育活动	32%	C	参与家长工作	6%	001	家园合作的尊重原则	掌握
						002	家园合作的要求适度原则	掌握
						003	对幼儿家庭教育活动的指导	掌握
						004	家园合作的活动形式	掌握
			D	工作记录	6%	001	保育工作记录的工作程序	熟悉
						002	保育工作记录的工作内容	熟悉
						003	全班、个别幼儿活动情况记录	熟悉
						004	设备、材料及物品使用情况记录	熟悉
						005	准备保育工作记录表格的注意事项	掌握
						006	保育员工作记录的注意事项	熟悉

操作技能辅导练习题

一、简答题

1. 简述活动室清洁的规则有哪些。
2. 简述消毒工作的注意事项有哪些。
3. 当发现幼儿的读写姿势不正确时,应当采取哪些纠正措施?
4. 简述午睡起床后组织幼儿参与整理寝室的工作步骤。
5. 简述分发饭菜的注意事项。
6. 简述保育员在日托幼儿园晨、午、晚检时的协助工作内容。
7. 为保障幼儿安全、有效地进行户外活动,保育员应做好哪些准备工作?
8. 简述进餐精神环境的创设有哪些方面内容。
9. 简述幼儿园常用的消毒方法。
10. 组织幼儿室内教育活动前,保育员应完成哪些准备工作?
11. 简述组织幼儿饮水的注意事项有哪些。
12. 简述如何为幼儿创设良好睡眠环境。
13. 幼儿室内活动前准备与活动后整理的注意事项有哪些?
14. 简述盥洗室清洁工作的标准有哪些。
15. 简述如何培养幼儿良好的饮水习惯。
16. 室外活动结束后,保育员应进行哪些收拾、整理工作?

二、案例分析题

1. 观看案例演示片3遍,指出保育员在幼儿入园环节中出现的工作失误(至少2处),并说明正确做法。

2. 观看案例演示片 3 遍，指出保育员在协助幼儿区域活动环节中出现的工作失误（至少 2 处），并说明正确做法。

3. 观看案例演示片 3 遍，指出保育员在幼儿吃午点环节中出现的工作失误（至少 2 处），并说明正确做法。

4. 观看案例演示片 3 遍，指出保育员在早餐前清洁桌面环节中出现的工作失误（至少 2 处），并说明正确做法。

5. 观看案例演示片 3 遍，指出保育员在幼儿进餐环节出现的工作失误（至少 2 处），并说明正确做法。

6. 观看案例演示片 3 遍，指出保育员在幼儿离园环节中出现的工作失误（至少 2 处），并说明正确做法。

7. 指出下面案例中保育员工作的错误，并谈谈如何进行毛巾消毒。

新保育员小王把幼儿用过的毛巾一一收起，装进毛巾袋后就送去消毒房消毒。取回后，用清水搓洗，逐一挂在毛巾架上。

8. 观看案例演示片 3 遍，指出保育员在晨间准备工作中出现的工作失误（至少 2 处），并说明正确做法。

9. 观看案例演示片 3 遍，指出保育员在组织幼儿饮水工作中出现的工作失误（至少 2 处），并说明正确做法。

10. 观看案例演示片 3 遍，指出保育员在晨间打扫工作中出现的工作失误（至少 2 处），并说明正确做法。

11. 观看案例演示片 3 遍，指出保育员在配合幼儿室内游戏活动环节出现的工作失误（至少 2 处），并说明正确做法。

12. 指出案例中保育员王老师的错误做法及应如何正确操作，说明应根据哪些具体情况开窗通风。

周一早上，保育员王老师早早地来到了幼儿园，幼儿们还没来。她打开班级门后，先用抹布在活动室里擦桌椅和玩具柜，然后从寝室走到活动室，边开窗边擦窗框、窗台，接着用拖把擦寝室、活动室的地面，最后又将活动室的桌椅摆放整齐。

13. 观看案例演示片 3 遍，指出保育员在指导值日生餐前准备环节出现的工作失误（至少 2 处），并说明正确做法。

14. 观看案例演示片 3 遍，指出保育员在配合室外教育活动环节出现的工作失误（至少 2 处），并说明正确做法。

15. 观看案例演示片 3 遍，指出保育员在组织幼儿睡眠环节出现的工作失误（至少 2 处），并说明正确做法。

16. 指出案例中保育员郑老师做法的错误所在，并谈谈保育员应如何保管药物。

早晨来园的时候，丹丹的家长对郑老师说："丹丹的后背上起了个包包，请老师帮忙按时给丹丹喂药、搽药。"保育员郑老师接过小药盒，打开看了看，是一包药片和一支药膏，就顺手把药盒放在了暖气罩柜上，然后就忙着去接待其他小朋友了。

17. 指出案例中保育员在幼儿的手被纸划伤后的做法有哪些是正确的，有哪些是错误的，并说明幼儿手被划伤的处理措施。

涵涵在折纸的时候，手指被纸张锋利的边缘划破了。保育员随手拿起桌子上的彩纸按压在涵涵的手指破损处，过了一会儿，涵涵的血止住了，保育员老师说没事了，就让涵涵继续游戏。

18. 指出案例中保育员行为的错误之处，并说明正确做法。

午饭时间，兵兵和豆豆一边吃一边偷偷说笑。突然，兵兵不小心碰翻了饭碗，大半碗饭菜撒在了桌上和地上，他赶紧用手将桌上的饭菜往碗里划，然后缩着脖子呆呆地盯着老师。保育员丁老师走过来，不满地对兵兵说："你呀你，吃饭还不老实，撒了吧，赶紧好好地把碗里的饭吃了！"然后，取来扫帚将地上的饭菜扫走了。

19. 指出案例中保育员行为的错误之处，并谈谈保育员在指导幼儿喝水的环节中应注意哪些问题。

早晨，保育员范老师把刚打来的水倒进了保温桶里，没盖盖儿。丹娜过来接了满满一杯，放到嘴边，皱了皱眉，又用小嘴吹了吹，小心翼翼地把杯子端回了座位。

20. 指出案例中保育员做法的不当之处，并说明给幼儿滴眼药水的正确方法。

阳阳有点沙眼，因此家长给孩子带了眼药水入园。中午，保育员王老师给阳阳滴眼药水。她先洗了手，叫阳阳仰起头，然后用左手食指、中指分开阳阳的上下眼皮，右手拿着眼药水瓶，分别在双眼的下眼皮内滴了2滴药液，然后叫阳阳阖上眼睛，转一转眼球。

21. 指出案例中保育员做法的不当之处，并说说如何正确处理幼儿皮肤擦伤。

阳阳在幼儿园户外活动时不小心摔了一跤，膝盖被擦破流血，伤口周围还有一些泥土。保育员将阳阳带到盥洗室，用脸盆里的水给阳阳清洗伤口，之后给阳阳的膝盖包了一块手绢。

22. 指出案例中保育员做法的错误之处，并说出正确做法。

园里要检查班级的卫生了。午睡时，保育员何老师一边大声督促孩子们闭上眼睛、好好睡觉，一边用水桶取来水倒在地上，认认真真地对寝室地面进行了全方位的擦洗。

23. 指出案例中保育员做法的不当之处，并说明给幼儿喂药的正确方法。

早晨入园时，大班吴硕的家长说孩子感冒了，带了些药来，然后把医院开的药片和口服液交给了保育员刘老师，并告诉刘老师："今早孩子已经服过一次药了。"午餐时，吴硕突然想起自己的药还没吃，赶紧找老师要。刘老师赶快取出药片，并插好口服液的吸管，让吴硕就着菜汤将药一块儿吃下去。

参 考 答 案

一、简答题

1. 简述活动室清洁的规则有哪些。

（1）每月至少擦拭两次窗户、墙壁、家具、灯具，每天至少擦拭一次窗台、玩具柜、游戏角等。

除每天一次对地面和桌面进行早扫除外，还应进行若干次的擦拭。如地面应在进餐前后、教育活动前后进行擦拭；桌面在桌面游戏和学习活动前后及进餐前后进行擦拭。

（2）从上至下、从左到右、从里到外进行擦拭，消除死角。

（3）地面干净，无污物、无尘土、无多余物品。

（4）窗明几净，室内家具、用品清洁，无尘、无擦痕。

2. 简述消毒工作的注意事项有哪些。

（1）使用消毒剂后用清水将消毒剂的残余擦掉。

（2）对毛巾、水杯消毒后，应使用消毒过的夹子将其夹出，放在架子上，或将手洗净，把物品归位，杜绝用不清洁的手触摸。

（3）毛巾、水杯及餐具消毒，应首先清洗粘附在上面的污物，再进行各种形式的消毒。

（4）用具如抹布、墩布、水桶等要专用，用后及时清洗消毒，保持干燥。

（5）循环使用的餐具和餐巾，每次使用后应消毒。

3. 当发现幼儿的读写姿势不正确时，应当采取哪些纠正措施？

（1）示范正确的读写姿势。

（2）给幼儿细致讲解正确读写姿势的要领。

（3）引导幼儿模仿正确的读写姿势。

（4）注意日常读写活动中对该幼儿姿势的检查。

（5）如发现姿势不良，及时提醒。

4. 简述午睡起床后组织幼儿参与整理寝室的工作步骤方法。

（1）照顾幼儿起床。唤醒前拉开窗帘，温柔地唤醒幼儿，指导幼儿独立穿衣或给予帮助，提醒小便，提醒洗手及饮水。

（2）开窗通风。幼儿穿好衣服后开窗通风。

（3）晾被。翻被、平铺在床上；晾被10 min。

（4）叠被。被子叠放整齐方正，保育员给小班幼儿叠被，指导中、大班幼儿叠被。

5. 简述分发饭菜的注意事项。

（1）杜绝汤、菜同时盛在一个碗里。

（2）给每个幼儿的菜量应该相同，盛菜应尽量多盛固体的。

（3）及时添加饭菜。

（4）根据幼儿当天的食量添加饭菜。

（5）如果饭菜过热，应提醒幼儿用嘴吹凉后再吃。

6. 简述保育员在日托幼儿园晨、午、晚检时的协助工作内容。

（1）晨、午、晚检之前，保育员应帮助幼儿脱掉外套、帽子并将之叠放整齐，放在固定的地方。

（2）晨检时保育员要对幼儿带来的药物做详细的登记，并将它们放在幼儿够不到的地方。

（3）晨、午、晚检时协助检查幼儿的衣兜，将幼儿带来的小物件暂时保存起来。

（4）晨、午、晚检时指导幼儿用盐水漱口。

7. 为保障幼儿安全、有效地进行户外活动，保育员应做好哪些准备工作？

（1）了解活动目标及其对场地、设备、材料的基本要求。

（2）对场地、设备和材料进行初步检查，确保安全。

（3）协助教师设计、布置活动场地，根据教育要求准备好设备、材料。

（4）帮助幼儿检查服装、鞋帽，并根据天气情况随时提醒、帮助幼儿增减衣物。

8. 简述进餐精神环境的创设有哪些方面。

（1）保持餐室安静或轻声地播放轻松的音乐。

（2）保育员应态度和蔼、亲切、周到地照顾幼儿进餐。

（3）不转移幼儿进餐的注意力，避免影响其食欲。

（4）不催促幼儿进食。

（5）不批评幼儿，不利用进餐时间解决非进餐有关问题。

（6）不引起幼儿过度兴奋。不宜在幼儿进餐时讲故事、大声聊天，或允许幼儿在进餐时大声交谈。

9. 简述幼儿园常用的消毒方法。

（1）煮沸法。煮沸法是最简便有效的方法。被消毒的物品需全部浸入水中，水开后煮 15~20 min。取出后妥善保管，防止污染。

（2）蒸汽消毒法。将耐热物品放入蒸汽消毒柜，蒸 40 min，灭菌效果极佳。

（3）日晒法。利用紫外线消毒灭菌。在阳光下暴晒 3~6 h 可将物品表面的病原体杀死，如流行性感冒、百日咳、流行性脑脊髓膜炎、麻疹等病原体，在阳光直射下会很快死掉。适用于日晒的物品有衣服、被褥、书籍、玩具等。

（4）化学消毒法。使用安全的化学消毒剂进行消毒。常用的化学消毒剂有煤酚皂溶液、石灰、漂白粉、氯亚明、过氧乙酸等。

10. 组织幼儿室内教育活动前，保育员应完成哪些准备工作？

（1）了解本周的周教育目标及每日教育活动的目标，根据目标做好前期准备。

（2）根据每种教育活动的不同要求，与教师和幼儿共同设计和布置活动的场地，摆放设备、桌椅。

（3）做好玩教具、工具、材料、物品、图片等必需品的准备工作。

（4）根据活动需要和教师的要求将玩、教具和所需材料摆放到指定位置上。

（5）与教师共同做好室内教育活动前的精神准备。

11. 简述组织幼儿饮水的注意事项有哪些。

（1）幼儿应坐在自己的座位上喝水，避免泼洒。

（2）保育员应提醒幼儿饮水。

（3）保育员应注意控制幼儿剧烈运动后的饮水量。

（4）幼儿剧烈运动后不应喝大量的水，可少量饮水。此时大量饮水会突然增加回心血量，加重心脏的负担，不利于健康。

（5）保育员应提醒幼儿注意喝水的速度不能太快。

12. 简述如何为幼儿创设良好睡眠环境。

（1）开窗通风。应根据气温决定寝室开窗的时间，确保寝室空气新鲜。

（2）通过各种手段调节室内的温度和湿度。如窗户的开关，加湿器、空调、电风扇、空气净化器的使用等。

（3）拉上窗帘，降低室内亮度。

（4）准备温暖、舒适的寝具。

（5）保证睡眠时间周围环境安静、无噪声。

13. 幼儿室内活动前准备与活动后整理的注意事项有哪些？

（1）充分发挥准备和收拾整理工作对幼儿发展的重大意义，让幼儿适度参与。

（2）对幼儿的作品要妥善保存，帮助每个幼儿整理好作品档案。

（3）每次使用电教设备前后都要仔细检查，发现问题及时解决。

14. 简述盥洗室清洁工作的标准有哪些。

（1）清洁、通风。

（2）水池的下水处无头发、污物，地面无积水、污渍，室内无垃圾堆放。

（3）门窗、镜框、灯、柜清洁干净。

（4）便池、马桶、便盆及时冲洗，无尿碱、无异味、无蚊蝇。

15. 简述如何培养幼儿良好的饮水习惯。

（1）培养幼儿喝白开水的习惯。幼儿园应保证白开水的供应，保育员要提醒幼儿喝白开水，培养幼儿喝白开水的习惯。不习惯喝白开水的幼儿，应由少到多地逐渐增加饮白开水的量。同时，保育员应通过多种形式使孩子明白喝白开水对身体的好处。

（2）培养幼儿主动饮水的习惯。保育员应提醒幼儿喝水，每次尽可能喝足量，还应培养幼儿渴了主动饮水的好习惯。

（3）培养幼儿形成慢喝水的习惯。要避免幼儿在极度口渴的情况下暴饮，培养幼儿主动控制自己饮水速度的习惯。

（4）培养幼儿能自己补充饮水的习惯。较大的幼儿应能根据自己当天的活动量和出汗量等，补充自己的饮水量。

16. 室外活动结束后，保育员应进行哪些收拾、整理工作？

（1）将活动材料整理、归位。

（2）检查活动器材、场地及活动材料有无破损，如有破损，应及时登记、报修或报废。

（3）交接班，清点婴幼儿人数，防止丢失。

二、案例分析题

1. 观看案例演示片3遍，指出保育员在幼儿入园环节中出现的工作失误（至少2个），并说明正确做法。

（1）工作失误1：保育员未对幼儿进行必要的晨检。

正确做法：保育员对幼儿进行晨检，按照晨检的要求了解幼儿情况。

（2）工作失误2：幼儿盥洗敷衍了事，保育员没有督促、指导幼儿认真洗手。

正确做法：关注幼儿盥洗，对幼儿出现的各种问题给予提示和指导。

（3）工作失误3：幼儿随便拿毛巾擦了一下就离开了，保育员没有检查幼儿是否将手洗干净。

正确做法：指导幼儿打开（摘下）毛巾，将手擦干。

（4）工作失误4：保育员站立的位置不对，保育员在室内，有一男孩未摆放水杯，保育员没有看见。

正确做法：关注幼儿晨间常规习惯的养成。

2. 观看案例演示片3遍，指出保育员在协助幼儿区域活动环节中出现的工作失误（至少2个），并说明正确做法。

（1）工作失误1：游戏中有一幼儿发现问题和保育员交流，但是保育员没有引导，没有支持，忽略了对幼儿的教育契机。

正确做法：游戏中幼儿发现问题和保育员交流，保育员应抓住教育契机积极引导、支持。

（2）工作失误2：幼儿相互打闹，保育员没有给予必要的关注。

正确做法：关注幼儿的游戏过程，当幼儿发生冲突或行为问题时应给予关注，适时介入。

（3）工作失误3：活动结束整理活动区时缺乏观察指导，幼儿没有完全收好玩具，地上有杂物。

正确做法：活动结束整理活动区时要注意观察、指导幼儿将玩具收放整齐。

（4）工作失误4：没有要求幼儿收椅子，也没检查。

正确做法：对于幼儿所做的事要事先清楚地提要求，并及时关注和检查。

3. 观看案例演示片3遍，指出保育员在幼儿吃午点环节中出现的工作失误（至少2个），并说明正确做法。

（1）工作失误1：保育员很早就将午点的水果切好，并将装水果的盆暴露在空气中，无苫布，不卫生。

正确做法：午点的水果不宜切得过早，过早会造成氧化和营养流失，装水果的盆要盖好不能裸露放在活动室。

（2）工作失误2：吃午点过程中有一幼儿玩水果使水果掉在地上，保育员没注意到，该幼儿马上将水果捡起来直接放在盘子里。

正确做法：吃午点过程中保育员要关注幼儿，注意培养幼儿卫生习惯。

（3）工作失误3：一名幼儿提出自己吃某种水果过敏保育员才想起来，因此没有提前准备其他替代的食品——对幼儿不够关心、了解。

正确做法：关心、了解幼儿是否对于某种事物过敏，为过敏幼儿准备其他食物。

（4）工作失误4：一名幼儿不爱吃香蕉，保育员硬性强迫幼儿进食，结果该幼儿直接将香蕉丢在垃圾筐里，保育员也没有进一步指出纠正。

正确做法：对个别不爱吃香蕉的幼儿，保育员应耐心引导进食，关注幼儿进食的情况。

（5）工作失误5：一名幼儿因换牙吃得很慢，保育员没有了解情况，便批评该幼儿。了解情况之后，只是请该幼儿站到一边去吃，自己忙着收拾整理桌子，对该幼儿缺乏起码的、真正的关爱。

正确做法：对于身体不适或有特殊需求的幼儿给予更多的照顾和护理。

4. 观看案例演示片3遍，指出保育员在早餐前清洁桌面环节中出现的工作失误（至少2处），并说明正确做法。

（1）工作失误1：保育员没有系围裙，披散头发便开始工作。

正确做法：保育员要做好餐前准备，系好围裙，束发。

（2）工作失误2：没有按正确的比例配制消毒液，工作随意。

正确做法：按正确的比例配制消毒液。

（3）工作失误3：随手将84消毒液放在窗台上，消毒液不盖盖子，不仅会失去功效，而且不安全。

正确做法：84消毒液用后要盖好盖子，放置在幼儿触摸不到的地方。

（4）工作失误4：未按照规范程序和要求进行桌面消毒清洁工作，直接喷洒消毒液擦拭桌面。

正确做法：按照规范程序和要求进行桌面消毒清洁工作（清－消－清）。

（5）工作失误5：桌面消毒时间不够8 min，没有达到消毒液滞留的标准时间，而且用清水擦桌子时动作跨度大，擦拭桌面有遗漏。

正确做法：桌面消毒时间应至少10 min，擦桌子时动作规范没有遗漏。

5. 观看案例演示片3遍，指出保育员在幼儿进餐环节出现的工作失误（至少2处），并说明正确做法。

（1）工作失误1：将饭菜混合在一起，不符合要求。

正确做法：饭菜都应分开盛放。

（2）工作失误2：催饭，对进餐慢的幼儿只是进行简单的批评和指责。

正确做法：对于进餐慢的幼儿要耐心地劝慰，不能够催促，更不能批评指责。

（3）工作失误3：虽然介绍了饭菜，但时间不是在盛饭前。

正确做法：介绍饭菜应在盛饭前，而且要带有情感色彩，以调动幼儿的食欲。除介绍菜名外，还应介绍营养。

（4）工作失误4：进餐过程中扫地。

正确做法：进餐过程中不能扫地，避免扬尘进入饭菜。

（5）工作失误5：餐巾纸准备不足，没有及时添加。

正确做法：为幼儿准备好充足的餐巾纸等备品，有助于幼儿形成良好的生活卫生习惯。

（6）工作失误6：餐后餐盘码放无序，没有让幼儿养成良好的行为习惯。

正确做法：餐后指导幼儿收拾整理餐具，可提供相应的标记提示幼儿如何摆放。

6. 观看案例演示片3遍，指出保育员在幼儿离园环节中出现的工作失误（至少2处），并说明正确做法。

（1）工作失误1：幼儿看电视时距离太近，有损视力，保育员未及时指出。

正确做法：看电视时，应保持一定距离，保护幼儿视力。保育员应发现问题及时指出，并指导幼儿保持适应距离。

（2）工作失误2：家长来接幼儿，一女孩找不到自己的物品，保育员没有及时协助。

正确做法：晚间离园前帮助和提示幼儿做好整理工作；幼儿离园找不到自己

的物品,保育员要及时协助。

(3)工作失误3:保育员墩地无序。

正确做法:保育员要有序打扫。

(4)工作失误4:活动室内有杂物,没有及时处置。

正确做法:活动室内不应有杂物,若有应及时清理。

(5)工作失误5:教师和家长交流幼儿情况,保育员忙于收拾卫生,一名幼儿悄悄从旁边离开班级,无人发现。

正确做法:教师和家长交流幼儿情况时,保育员要专心看护幼儿,避免发生意外。

7. 指出下面案例中保育员的工作失误,并谈谈如何进行毛巾消毒。

新保育员小王把幼儿用过的毛巾一一收起,装进毛巾袋后就送去消毒房消毒。取回后,用清水搓洗,逐一挂在毛巾架上。

工作失误:消毒程序错误。

毛巾清洁消毒的正确做法:

(1)用自来水浸湿毛巾。

(2)用洗衣粉或洗涤剂浸泡约 20 min。

(3)搓洗后用清水漂洗。

(4)送消毒房消毒。

(5)取回后,用消毒过的夹子或洗干净手后把毛巾挂好。

8. 观看案例演示片3遍,指出保育员在晨间准备工作中出现的工作失误(至少2处),并说明正确做法。

(1)工作失误1:墩布没有按类悬挂,比较零乱地堆放在水池里。

正确做法:室内物品要摆放整齐,墩布贴好标识悬挂晾干。

(2)工作失误2:牙刷牙杯摆放零乱。

正确做法:牙刷头应朝向一致,牙杯把手应朝外,并摆放一致。

(3)工作失误3:肥皂、洗手液的数量与水龙头的数量不相同或隔一个水龙头放置。

正确做法：肥皂、洗手液的数量与水龙头一一对应。

（4）工作失误4：保育员来充分准备饮用水，饮水桶里水量不足，仅有半桶水。

正确做法：要保证饮水桶内水量充足。

（5）工作失误5：暖气罩上有杂物，不整洁。

正确做法：室内物品要摆放整齐。

（6）工作失误6：保育员为幼儿冲盐水，放入好几勺盐，并直接用水杯从饮水桶内盛水，很不规范。

正确做法：饮水桶应密闭。为幼儿冲淡盐水，应按标准冲配，不能从饮水桶中直接盛水。

（7）工作失误7：为幼儿摆好牙刷，但手捏牙刷头。

正确做法：摆放牙刷要捏住牙刷柄。

9. 观看案例演示片3遍，指出保育员在组织幼儿饮水工作中出现的工作失误（至少2处），并说明正确做法。

（1）工作失误1：幼儿接水时过满或过少，保育员没有指导，也没有关注。

正确做法：幼儿接水时保育员要关注，提示幼儿接适量的水。

（2）工作失误2：水温过高，幼儿喝不了，保育员准备工作不够细致周到。

正确做法：注意幼儿饮用水水温，保证适宜幼儿饮用。

（3）工作失误3：有幼儿一边喝水一边玩、碰杯，保育员没有看到。

正确做法：幼儿喝水时要给予关注，提示幼儿不能边喝边玩，更不能互相碰杯，影响别人。

（4）工作失误4：某幼儿打翻水杯水洒出来，保育员直接批评该幼儿。

正确做法：幼儿水杯打翻，保育员可借此教育契机指导幼儿学习收拾整理，并给予提示。

（5）工作失误5：一些幼儿不爱喝水，悄悄把水倒掉，保育员未加注意。

正确做法：对于不爱喝水的幼儿，保育员要给予个别关注，保证幼儿饮水量。

10. 观看案例演示片3遍，指出保育员在晨间打扫工作中出现的工作失误

（至少2处），并说明正确做法。

（1）工作失误1：活动室门窗紧闭。

正确做法：保育员每天进班第一件事是开窗通风。

（2）工作失误2：地上留有纸屑。

正确做法：用半干的墩布将纸屑、灰尘等擦扫进簸箕，保持地面整洁。

（3）工作失误3：毛巾掉地上捡起来直接用。

正确做法：毛巾掉地上应洗净、消毒后再使用。

（4）工作失误4：擦玩具柜时绕过玩具擦，未将玩具拿起。

正确做法：将玩具拿起来擦玩具柜，擦完再将玩具摆放整齐。

（5）工作失误5：用盆往地上直接撩水，再用墩布擦地，墩布从楼道到室内混用未区分。

正确做法：用半干的墩布擦地；墩布应分开使用。

（6）工作失误6：擦地时不按顺序，且桌椅下面未擦。

正确做法：向盥洗室方向边后退边擦地，从里向外；按顺序擦净每一个地方，不应有遗漏，家具下面的地面也应擦拭干净。

11. 观看案例演示片3遍，指出保育员在配合幼儿室内游戏活动环节出现的工作失误（至少2处），并说明正确做法。

（1）工作失误1：保育员准备不充分，嫌麻烦没有给予幼儿支持。

正确做法：保育员要配合教师准备玩具、材料，并检查玩具、材料是否充足。

（2）工作失误2：幼儿游戏过程中遇到问题时，保育员不引导、支持解决而是忽略。

正确做法：保育员要在幼儿有需要时支持幼儿的游戏，同时尊重幼儿的自主选择。

（3）工作失误3：保育员在幼儿游戏过程中遇到问题时表现出不耐烦，忽略教育契机。

正确做法：幼儿在游戏过程中遇到问题，保育员老师要认真了解幼儿的想法，给予支持和引导。和幼儿交流时要耐心倾听幼儿想法，积极回应他们的需求。

（4）工作失误4：有幼儿在游戏时打闹，保育员没有关注。

正确做法：关注幼儿的游戏过程，当幼儿发生冲突或行为问题时给予关注，适时介入。

12. 指出案例中保育员王老师的错误做法及应如何正确操作，证明应根据哪些具体情况开窗通风。

周一早上，保育员王老师早早地来到了幼儿园，幼儿们还没来。她打开班级门后，先用抹布在活动室里擦桌椅和玩具柜，然后从寝室走到活动室，边开窗边擦窗框、窗台，接着用拖把擦寝室、活动室的地面，最后又将活动室的桌椅摆放整齐。

保育员的做法不正确，清洁的顺序有误。

正确的清洁顺序是：开窗通风→擦拭窗框、窗台→擦拭玩具柜、桌椅→擦拭床栏→擦地→摆放桌椅。

保育员应能够根据具体情况开窗通风，保持空气新鲜。

（1）应根据季节、气温、风力的大小决定开窗通风的时间、打开窗子的数量以及开窗的大小。

（2）应根据房间的性质决定开窗的时间。

13. 观看案例演示片3遍，指出保育员在指导值日生餐前准备环节出现的工作失误（至少2处），并说明正确做法。

（1）工作失误1：没有提要求，有的值日生没穿围裙。

正确做法：指导幼儿做餐前准备要穿好围裙。

（2）工作失误2：给值日生直接用了消毒抹布。

正确做法：幼儿只能用清水抹布擦拭桌面，不能用消毒抹布。

（3）工作失误3：没有做到清－消－清。

正确做法：幼儿餐桌清洁卫生应该做到清－消－清。

（4）工作失误4：值日生将碗筷掉地上后捡起来又放在餐桌上。

正确做法：掉在地上的碗筷应该回收，换干净的碗筷再摆放。

（5）工作失误5：发碗的孩子一次拿得太多，只好抱着餐具发放。

正确做法：幼儿拿餐具不要过多，抱在身上容易污染餐具。

（6）工作失误6：值日生的工作无序，保育员没有进行指导。

正确做法：保育员应对值日幼儿及时给予指导。

14. 观看案例演示片3遍，指出保育员在配合室外教育活动环节出现的工作失误（至少2处），并说明正确做法。

（1）工作失误1：炎热天气下，强迫特殊儿童（肥胖儿）训练跑步。

正确做法：对于特殊儿童（肥胖儿）的干预要循序渐进，不能过度训练。

（2）工作失误2：游戏中幼儿满头大汗，保育员没关注活动量。

正确做法：天气炎热时，幼儿户外活动要动静交替，避免中暑。活动中保育员要关注幼儿活动量，避免过度锻炼。

（3）工作失误3：没给幼儿擦汗或提示休息。

正确做法：保育员应及时提示幼儿休息并给幼儿擦汗。

（4）工作失误4：活动中有一幼儿脚扭伤告知保育员，保育员没有重视，随便看看就让该幼儿继续游戏。

正确做法：幼儿受伤告知保育员，要给予关注，立即带幼儿到医务室请保健医检查。

15. 观看案例演示片3遍，指出保育员在组织幼儿睡眠环节出现的工作失误（至少2处），并说明正确做法。

（1）工作失误1：保育员大声叫幼儿起床，并用动作、语言强硬地催促没有睡醒的幼儿。

正确做法：保育员应轻声叫幼儿起床，并用轻柔的动作、语言唤醒没有睡醒的幼儿。

（2）工作失误2：保育员没有配合教师进行午检。

正确做法：保育员要配合教师进行午检。

（3）工作失误3：对于穿衣困难的幼儿，保育员没有进行随机教育，表现出不耐烦。

正确做法：对于穿衣困难的幼儿，保育员应给予帮助并开展随机教育。

（4）工作失误4：某幼儿衣服未穿好，保育员没有关注，没有检查和帮助。

正确做法：应检查幼儿的衣服是否穿好，及时予以帮助。

（5）工作失误5：幼儿先叠毛巾被后穿衣服。

正确做法：应指导幼儿先穿衣服后叠毛巾被。

（6）工作失误6：有一幼儿在地上叠毛巾被，不卫生。

正确做法：应帮助和指导幼儿整理床铺，对于幼儿出现的不卫生的行为要及时指出并进行指导。

16. 指出案例中保育员郑老师做法的错误所在，并谈谈保育员应如何保管药物。

早晨入园的时候，丹丹的家长对郑老师说："丹丹的后背上起了个包包，请老师帮忙按时给丹丹喂药、搽药。"保育员郑老师接过小药盒，打开看了看，是一包药片和一支药膏，就顺手把药盒放在了暖气罩柜上，然后就忙着去接待其他小朋友了。

保育员郑老师做法不对，有三处错误：

（1）没有作药品登记。

（2）没有将内服药和外用药分别放置。

（3）把药品放在了幼儿够得到的地方，不安全。

保育员保管药物正确做法：

（1）教师应在第一时间核对药物，并认真登记姓名、药名、用法、用量。

（2）药品要放在固定的位置（如药柜）并保证幼儿拿不到。

（3）要妥善保管药物，内服和外用药要分隔放置。

17. 指出案例中，保育员在幼儿的手被纸划伤后的做法有哪些是正确的，有哪些是错误的，并说明幼儿手被划伤的处理措施。

涵涵在折纸的时候，手指被纸张锋利的边缘划破了。保育员随手拿起桌子上的彩纸按压在涵涵的手指破损处，过了一会儿，涵涵的血止住了，保育员老师说没事了，就让涵涵继续游戏。

正确的处理：出血时按压止血。

错误的处理：

（1）拿桌上的彩纸按压幼儿的手指是不对的，应该用消毒过的纱布按压止血。

（2）止血后，保育员没有继续给幼儿消毒和包扎。

幼儿手被划伤的处理措施：

（1）用消毒过的纱布按压止血。

（2）止血后用75%的酒精对局部进行消毒。

（3）用消毒纱布覆盖、包扎。

18. 指出案例中保育员行为的错误之处，并说明正确做法。

午饭时间，兵兵和豆豆一边吃一边偷偷说笑，突然，兵兵不小心碰翻了饭碗，大半碗饭菜撒在了桌上和地上，他赶紧用手将桌上的饭菜往碗里划，然后缩着脖子呆呆地盯着老师。保育员丁老师走过来，不满地对兵兵说："你呀你，吃饭还不老实，撒了吧，赶紧好好地把碗里的饭吃了！"然后，取来扫帚将地上的饭菜扫走了。

错误之处：

（1）简单训斥不进行安抚，影响孩子的情绪，容易影响孩子消化。

（2）让孩子吃碗里剩余的饭，不卫生，且没有对幼儿进行随机教育。

（3）在孩子吃饭时不能用扫帚清扫。

正确做法：

（1）首先要安抚孩子的情绪。

（2）重新给孩子盛饭菜。

（3）用卫生纸巾或抹布先行清理桌面和地上的饭菜，等孩子吃完饭以后再彻底将地打扫干净。

19. 分析、指出案例中保育员的错误做法，并谈谈保育员在指导幼儿喝水的环节中应注意哪些问题。

早晨，保育员范老师把刚打来的水倒进了保温桶里，没盖盖儿。丹娜过来接了满满一杯，放到嘴边，皱了皱眉，又用小嘴吹了吹，小心翼翼地把杯子端回了座位。

错误之处：

（1）水温不适宜，有点烫。

（2）饮水桶没有及时盖上，既不安全也不卫生。

（3）没有在孩子喝水之前先空放一两杯水，存在卫生隐患。

（4）没有提醒孩子先接半杯水，坐到椅子上喝完再接水。

保育员指导幼儿饮水时注意事项：

（1）开水不能进教室。

（2）饮水桶必须及时盖上。

（3）在幼儿喝水应先空放一两杯水，并舍弃。

20. 请指出案例中保育员做法的不当之处，并说明给幼儿滴眼药水的正确方法。

阳阳有点沙眼，因此家长给孩子带了眼药水入园。中午，保育员王老师给阳阳滴眼药水。她先洗了手，叫阳阳仰起头，然后用左手食指、中指分开阳阳的上下眼皮，右手拿着眼药水药瓶，分别在双眼的下眼皮内滴了2滴药液，然后叫阳阳阖上眼睛，转一转眼球。

错误做法：

（1）用食指、中指不对。

（2）没有提到最后一步，即提起上眼皮，让幼儿转动眼珠，使药液均匀分布。

为幼儿滴眼药水的正确做法：

（1）把手洗干净，擦去幼儿眼部分泌物。

（2）核对药名。

（3）让幼儿头向后仰，用左手食指、拇指轻轻分开孩子的上下眼皮。

（4）手拿眼药水瓶将药液滴进下眼皮内，每次1~2滴，再让孩子轻轻闭上眼睛。

（5）用食指、拇指轻提孩子上眼皮，嘱咐孩子转动眼球，使药液均匀分布。

21. 指出案例中保育员做法的不当之处，并说说如何正确处理幼儿皮肤擦伤。

阳阳在幼儿园户外活动时不小心摔了一跤，膝盖被擦破流血，伤口周围还有一些泥土。保育员将阳阳带到盥洗室，用脸盆里的水给阳阳清洗伤口，之后给阳阳的膝盖包了一块手绢。

错误做法：

（1）用脸盆里的水给阳阳清洗伤口。

（2）给阳阳的膝盖包了一块手绢。

处理幼儿皮肤擦伤的正确方法：

（1）先观察伤口的深浅。若仅蹭破了表皮，只需将伤口处的泥沙清理干净即可。若伤口较深，有出血，则应该用自来水或生理盐水清洁伤口，并用碘伏消毒伤口。

（2）无需包扎。

22. 指出案例中保育员做法的错误之处，并说出正确做法。

园里要检查班级的卫生了。午睡时，保育员何老师一边大声督促孩子们闭上眼睛、好好睡觉，一边用水桶取来水倒在地上，认认真真地对寝室地面进行了全方位的擦洗。

错误做法：

（1）清洁时间不对。

（2）清洁方法不对。

（3）大声说话不对。

正确做法：

（1）应等幼儿起床后或在睡前做清洁。

（2）不应用水冲擦，而应用半干的拖把清洁地面。

（3）组织幼儿睡眠，应动作、声音轻柔，避免大呼小叫。

23. 指出案例中保育员做法的不当之处，并说明给幼儿喂药的正确方法。

早晨入园时，大班吴硕的家长说孩子感冒了，带了些药来，然后把医院开的药片和口服液交给了保育员刘老师，并告诉刘老师："今早孩子已经服过一次药了。"午餐时，吴硕突然想起自己的药还没吃，赶紧找老师要。刘老师赶快取出药片，并插好口服液的吸管，让吴硕就着菜汤将药一块儿吃下去。

错误做法：

（1）忘记了幼儿服药的时间。

（2）让幼儿用菜汤送服药物。

正确做法：

（1）核对药名、患儿姓名、服用时间及服药剂量。

（2）根据服药记录准备药物。

（3）准备好服药用的白开水。

（4）患儿服完药后，让患儿安静片刻。

（5）做好服药记录。

第三部分

模拟试卷

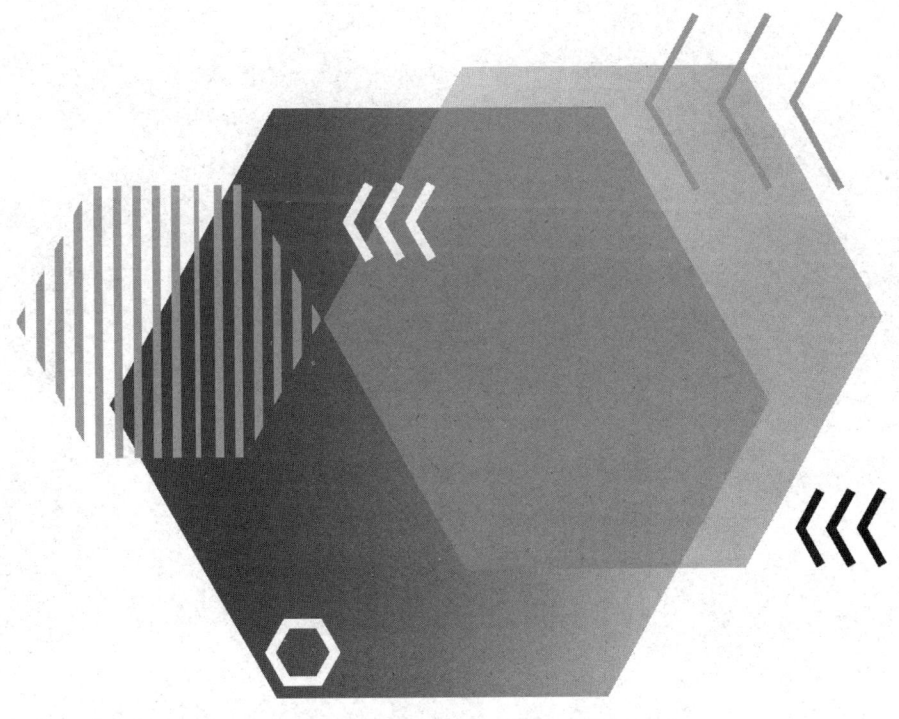

理论知识考核模拟试卷

注 意 事 项

1. 请考生首先将自己的姓名、准考证号等用黑色碳素笔写在本卷和答题卡的相应位置上。

2. 请仔细阅读题目答题要求，在试卷所附答题卡上填写答案，所有答案均不得答在试卷上。

3. 不要在试卷上乱写乱画，不要在封标区填写无关内容。

4. 考试时间：90 min。考试结束时，考生务必将本卷和答题卡一并交给监考人员。

一、单项选择题（第 1~80 题。每题 1 分，共 80 分。请选择一个正确答案，将相应字母填涂在试卷所附的答题卡上。在卷面上答题均为无效）

1. 职业是人们在社会中所从事的，并（　　）具有特定职责的专门性活动。

　　A. 能够创造一定效益的　　　　B. 以此为生的

　　C. 能获得一定报酬的　　　　　D. 能取得一定成就的

2. 关爱幼儿要求保育员要完美地结合（　　），真正做到"俯下身来"与幼儿互动。

　　A. 知识与能力　　　　　　　　B. 热爱与尊重

　　C. 言传与身教　　　　　　　　D. 动机与行为

3. 保育员的职业特点要求保育员与教师彼此协调，相互宽容，这体现了保育员职业守则中（　　）的要求。

　　A. 尊重家长群体　　　　　　　B. 尊重教师群体

C. 发挥集体力量　　　　　　D. 共同娱乐教育

4. 保育员要熟练掌握现代教育技术，恰当有效地选择教学方式和方法，（　　）。

　　A. 直观形象地展示教学内容　　B. 做好幼儿教育工作

　　C. 为人师表，遵纪守法　　　　D. 积极进取，开拓创新

5. 下列说法错误的是（　　）。

　　A. 幼儿应该用好听的声音说话，不要大喊大叫

　　B. 音乐活动前，幼儿唱歌的场所应进行湿性扫除

　　C. 幼儿感冒应多喝水、少说话

　　D. 幼儿可以唱少儿歌曲

6. （　　）可以促进颌面部的发育。

　　A. 咀嚼　　　B. 微笑　　　C. 说话　　　D. 吃流食

7. 3~6岁幼儿每日的睡眠时间为（　　）h。

　　A. 11　　　B. 12　　　C. 13~14　　　D. 14~15

8. （　　）是最适宜婴幼儿读书的条件。

　　A. 明亮的室内　　　　　　B. 室外阳光下

　　C. 室外黄昏　　　　　　　D. 路灯下

9. 教会幼儿用正确的方法擤鼻涕可以预防（　　）。

　　A. 中耳炎　　　B. 咽炎　　　C. 扁桃体炎　　　D. 气管炎

10. 预防遗尿症的基本原则是（　　）。

　　A. 减轻幼儿的精神压力　　B. 批评幼儿

　　C. 少喝水　　　　　　　　D. 准备换洗的衣物

11. 缺碘可导致（　　）。

　　A. 贫血　　　　　　　　　B. 佝偻病

　　C. 身体发育和智力发展缺陷　D. 龋齿

12. 一般来说，（　　）岁开始幼儿能够正确辨认前后方位。

　　A. 3　　　B. 4　　　C. 5　　　D. 6

13. 幼儿口语表达能力的发展趋势是（　　）。

A. 先有对话言语和独白言语，后有情景言语和连贯言语

B. 先有对话言语和连贯言语，后有情景言语和独白言语

C. 先有对话言语和情景言语，后有独白言语和连贯言语

D. 先有情景言语和独白言语，后有对话言语和连贯言语

14. 在幼儿期，儿童的道德感、理智感和（　　）等高级情感开始发展。

A. 美感　　　B. 推理能力　　　C. 移情　　　D. 自我认同感

15. 在各种亲子关系类型中，（　　）的亲子关系最有益于幼儿个性的良好发展。

A. 依赖型　　　B. 民主型　　　C. 自由型　　　D. 管理型

16. 儿童的亲社会行为（　　）。

A. 存在个体差异

B. 不存在个体差异

C. 自然生发，无需引导和教育

D. 是否存在个体差异尚不明确

17. 蒙台梭利认为儿童有发展的需要，为满足和强化这种需要，必须通过自由活动、自发游戏和（　　）的方式与途径实现。

A. 规则游戏　　　　　　B. 自发活动

C. 智力游戏　　　　　　D. 感官游戏

18. （　　）要求保育员要重视一日生活整体的教育价值。

A. 尊重儿童的人格尊严和合法权利的原则

B. 促进幼儿体、智、德、美全面发展的原则

C. 面向全体与因材施教的原则

D. 整体性原则

19. （　　）是使孩子从适应幼儿园生活到喜欢上幼儿园的根本所在。

A. 主动学习　　　　　　B. 能与小朋友一起玩

C. 丰富多彩的活动　　　D. 做好家长工作

20. 造成孩子缺乏（　　）的主要原因是家长和教师平时对孩子的事情包办过多，不给孩子独立完成某种任务的机会。

A. 人际交往能力

B. 独立生活能力

C. 规则意识和完成规则的能力

D. 任务意识和完成任务的能力

21. 父母或者其他（　　）应当尊重未成年人接受教育的权利，必须使适龄未成年人按照规定接受义务教育，不得使在校接受义务教育的未成年人辍学。

  A. 人   B. 监护人   C. 亲属   D. 邻居

22. 根据《儿童权利公约》儿童享有四大权利，分别是生存权利、受保护权利（　　）和参与权利。

  A. 学习权利   B. 成长权利

  C. 自由权利   D. 发展权利

23. 扫地时扫帚应（　　），避免尘土飞扬。

  A. 向上挑起尘土清扫   B. 向两侧横扫

  C. 向前挑扫   D. 向前压住扫帚扫

24. 擦地时洗涮墩布的次数是（　　）次。

  A. 1   B. 2   C. 3   D. 多

25. 保育员摆放水杯和毛巾前应注意先（　　）。

  A. 戴手套   B. 刷厕所

  C. 清洁双手   D. 让幼儿洗手

26. 夏季开空调的房间应经常（　　）。

  A. 开窗通风   B. 洒水

  C. 开风扇   D. 擦地

27. （　　）是通过门窗等进行的气体交换。

  A. 一般通风   B. 电器通风

  C. 自然通风   D. 人工通风

28. 毛巾用消毒液消毒后，应该（　　）。

  A. 用普通洗涤剂洗涤   B. 用肥皂洗涤

  C. 直接晾晒   D. 用清水漂洗

29. 抹布可以在浓度为 0.5% 的（　　）中浸泡 2 min 以便消毒。

　　A. 84 消毒液　　　　　　　　B. 洗消净

　　C. 漂白粉澄清液　　　　　　D. 洗涤剂

30. 对玩具消毒的次数是（　　）。

　　A. 每周 2 次　　　　　　　　B. 每周 1 次

　　C. 两周 1 次　　　　　　　　D. 每天 1 次

31. 适于日光下翻晒的物品是（　　）。

　　A. 图书　　　B. 便盆　　　C. 家具　　　D. 器械

32. 煮沸消毒法适用于（　　）。

　　A. 食具　　　B. 毛绒玩具　　　C. 家具　　　D. 图书

33. 使用 84 消毒液浸泡消毒的方法是（　　）。

　　A. 液面达物品的 1/10　　　　B. 液面达物品的 1/2

　　C. 液面达物品的 2/3　　　　　D. 液面没过物品

34. 保育员配合保健医生配制消毒液时应根据（　　）进行。

　　A. 习惯　　　　　　　　　　B. 个人喜好

　　C. 配置比例和要求　　　　　D. 少加水的原则

35. 幼儿健康的表现是（　　）。

　　A. 面色红润　　　　　　　　B. 面色苍白

　　C. 面色发黄　　　　　　　　D. 面色发青

36. 滴眼药后，保教人员应要求幼儿（　　）。

　　A. 站起离开　　　　　　　　B. 闭目转动眼珠

　　C. 睁眼转动眼珠　　　　　　D. 揉眼

37. 滴耳药后保教人员应（　　）。

　　A. 轻揉幼儿的鼻翼　　　　　B. 洗手

　　C. 轻揉幼儿的耳郭　　　　　D. 轻揉幼儿的耳屏

38. 幼儿园服药记录不应该包括（　　）。

　　A. 药品类别　　　　　　　　B. 病名

　　C. 给药人的姓名　　　　　　D. 医院名

39. （　　）不是幼儿园的危险用品。

　　A. 寝室用品　　　　　　　　B. 有毒物品

　　C. 药品　　　　　　　　　　D. 易燃易爆物品

40. 餐具的正确摆放位置是（　　）。

　　A. 桌子边沿上　　　　　　　B. 碗全部放在幼儿的左侧

　　C. 碗正对着椅子　　　　　　D. 碗全部放在幼儿的右侧

41. 婴幼儿进餐中容易出现的意外问题有（　　）。

　　A. 说话　　　B. 呕吐　　　C. 笑　　　D. 小便

42. 幼儿摄入蛋白质、无机盐的量与对水的需要量的关系是（　　）。

　　A. 无关

　　B. 幼儿摄入蛋白质、无机盐的量大，则对水的需要量少

　　C. 幼儿摄入蛋白质、无机盐的量大，则对水的需要量多

　　D. 幼儿摄入蛋白质、无机盐的量小，则对水的需要量多

43. 保育员需要照顾（　　）的幼儿喝水。

　　A. 6 岁　　　B. 5 岁　　　C. 4 岁以下　　　D. 3 岁以下

44. 幼儿喝水时应（　　），避免烫嘴。

　　A. 小口尝试　　　　　　　　B. 不尝试

　　C. 怕烫不喝水　　　　　　　D. 大口喝水

45. 清洗幼儿身体的方法是（　　）。

　　A. 打湿、擦干　　　　　　　B. 将幼儿放置在稀释的浴液中浸泡

　　C. 打湿、用浴液洗、清洗　　D. 用浴液洗、清洗

46. 给幼儿洗脸时，应注意让其（　　）。

　　A. 睁开眼　　B. 闭眼　　C. 张口　　D. 屏住呼吸

47. 保育员对幼儿大小便的正确要求是（　　）。

　　A. 教育活动进行过程中不可以上厕所

　　B. 睡眠中不可以上厕所

　　C. 进餐中不可以上厕所

　　D. 有便就排，不憋便

48. 幼儿排大便后，保育员的工作程序是（　　）。

  A. 冲厕

  B. 擦屁股、冲厕、洗手

  C. 擦屁股、为幼儿穿裤子、冲厕、洗手

  D. 冲厕、洗手

49.（　　）岁时，保育员应该教幼儿擦屁股。

  A. 2～3   B. 3～4   C. 4～5   D. 5～6

50. 准备睡眠环境的步骤是（　　）。

  A. 拉窗帘、准备温暖的寝具

  B. 开窗通风、拉窗帘、准备温暖的寝具

  C. 开窗通风、拉窗帘、准备温暖的寝具、保持室内安静

  D. 开窗通风、拉窗帘、准备温暖的寝具、保持室内安静、排便

51.（　　）的幼儿可以后上床、后睡觉。

  A. 体弱   B. 睡眠时间长

  C. 年龄小   D. 睡眠少

52. 全体幼儿起床后，保育员对尿床幼儿的正确处理是（　　）。

  A. 告知全班幼儿

  B. 批评幼儿

  C. 清洗晾晒尿湿的衣物和被褥

  D. 把尿湿的被褥卷起来，让家长带走

53. 保育员唤醒遗尿幼儿应做到（　　）。

  A. 动作轻、更换快   B. 声音过大

  C. 更换被褥动作慢   D. 边换边批评孩子

54. 穿衣服时，保育员应该督促较大幼儿（　　）。

  A. 穿衣后自我检查   B. 迅速穿衣后出去玩

  C. 穿衣后帮助老师发放午点   D. 穿衣后马上上厕所

55. 幼儿穿袜子前，应先（　　）。

  A. 分辨袜子的不同部位   B. 分辨袜跟

C. 将袜子放平　　　　　　D. 分辨袜筒

56. 为了方便管理，幼儿的服装应该有（　　）。

　　A. 正反面标记　　　　　　B. 扣子

　　C. 花　　　　　　　　　　D. 姓名标记

57. 玩/教具等在园物品的登记包括（　　）。

　　A. 数量、质量、检查日期、地点

　　B. 数量、颜色、名称、购买人

　　C. 名称、数量、颜色、质量、检查日期

　　D. 名称、检查日期

58. 在生活中渗透教育，要求幼儿园教师做到（　　）。

　　A. 组织好转换环节　　　　B. 重视在日常生活中观察个别幼儿

　　C. 生活游戏化　　　　　　D. 教育生活化

59. 学前儿童在学习的速率、进度、方式、效率、（　　）等方面都存在着很大差异。

　　A. 水平　　B. 方法　　C. 特点　　D. 效果

60. 幼儿正确的睡姿主要有右侧卧和（　　）等。

　　A. 趴卧　　B. 仰卧　　C. 左侧卧　　D. 蒙头睡

61. 幼儿不正确坐姿的主要表现是歪斜坐、躺坐、跷二郎腿、（　　）和趴着坐等。

　　A. 胯松懈　　　　　　　　B. 双脚呈内八字或外八字

　　C. 抖腿　　　　　　　　　D. 两肩歪斜

62. 当幼儿能够坚持使用正确的姿势时，保育员要（　　），使之形成习惯。

　　A. 加强日常检查和提醒　　B. 及时给予表扬和鼓励

　　C. 加强个别幼儿的教育　　D. 加强小组教育

63. 在做准备和整理工作时，保育员要有强烈的（　　），应该把其看成是培养幼儿良好生活、卫生习惯的好机会，重视其中的教育价值。

　　A. 责任感　　　　　　　　B. 目标意识

　　C. 劳动意识　　　　　　　D. 工作意识

64. 儿童服装表演属于（　　）。
    A. 艺术领域的游戏活动　　　B. 探索活动
    C. 象征性游戏　　　　　　　D. 建构游戏

65. 积木区的游戏不仅能发展幼儿的小肌肉，而且能促进幼儿（　　）。
    A. 空间认知的发展　　　　　B. 科学知识的发展
    C. 大肌肉的发展　　　　　　D. 精细动作的发展

66. 橡皮泥是（　　）的材料。
    A. 表演游戏　　　　　　　　B. 手工游戏
    C. 数学游戏　　　　　　　　D. 语言活动

67. 游戏可以丰富学前儿童的（　　），满足他们探索世界的愿望和发展他们的社交能力。
    A. 知识经验　　　　　　　　B. 生活知识
    C. 实践知识　　　　　　　　D. 交往知识

68. 按教师对游戏的干预程度分，可以把游戏分为自由游戏和（　　）两种。
    A. 有规则的游戏　　　　　　B. 集体游戏
    C. 教学游戏　　　　　　　　D. 活动性游戏

69. 不发展幼儿大肌肉的户外游戏有（　　）。
    A. 玩沙游戏　　　　　　　　B. 单杠游戏
    C. 跳高板游戏　　　　　　　D. 背人游戏

70. 保育员在做好幼儿园室外活动材料的准备后，应帮助幼儿检查服装和鞋帽，并根据天气情况随时提醒、帮助（　　）。
    A. 教师设计场地　　　　　　B. 幼儿增减衣服
    C. 教师取放物品　　　　　　D. 幼儿分组

71. 户外活动结束后，（　　）负责善后整理和安全防护工作，遇到幼儿需要大小便，需有专人护送。
    A. 幼儿　　B. 教师　　C. 保育员　　D. 体育教师

72. 保育员应根据幼儿的（　　）选择和指导体育游戏，这体现了指导游戏的适宜性原则。

A. 兴趣 B. 需要
C. 年龄特点 D. 游戏特点

73. 保育员在领幼儿散步时，看到柳树长出了绿芽，风儿一吹，柳条在池塘边飘舞，这可以促进幼儿（ ）的发展。

A. 体质 B. 道德 C. 美感 D. 音乐

74. 保育员在幼儿户外活动时的主要工作是（ ）。

A. 提醒幼儿注意安全 B. 赞扬幼儿想象力
C. 观察指导幼儿的活动 D. 解决幼儿间的冲突

75. 个别幼儿情况记录的主要内容是体弱儿的身体、活动情况以及（ ）。

A. 吃饭情况 B. 睡眠情况
C. 个别需要帮助的幼儿的情况 D. 交往情况

76. 设计保育工作记录表格时，要考虑记录的目的和内容不要过于烦琐，应该以记录方便、省时、（ ）为目的。

A. 格式正确 B. 可行 C. 省力 D. 详细

77. 保育员在做记录时应该描述幼儿的行为表现，而不是（ ）。

A. 记录幼儿的行为表现 B. 描述全班幼儿的活动情况
C. 记录教师的教育情况 D. 解释幼儿的行为表现

78. 向家长群体介绍园所教育工作的基本情况和今后的计划，反馈幼儿在园所的表现等，适宜采取的形式是（ ）。

A. 开家长会 B. 家庭访问
C. 家长学校 D. 教育讲座

79. 尊重家长即尊重家长作为教育者的（ ）和人格尊严。

A. 活动参与 B. 合法参与
C. 工作协助 D. 主体地位

80. 教师向家长告状是（ ）。

A. 平等合作的前提 B. 正常沟通的方法
C. 推诿责任的表现 D. 积极解决问题

二、判断题（第 81～100 题。每题 1 分，共 20 分。请将判断结果填涂在试卷所附的答题卡上。在卷面上答题均为无效）

81.（　　）职业道德是指人们在履行职业职责的过程中，在思想和行为上所必须遵循的道德规范。

82.（　　）4～10 岁是幼儿扁桃体发育的高峰期，不易发生扁桃体炎。

83.（　　）世界上第一所被正式命名为"幼儿园"的学前社会教育机构，是由意大利教育家蒙台梭利创办的。

84.（　　）幼儿园应该每月洗一次床单枕巾。

85.（　　）蒸汽消毒法适用于各种物品。

86.（　　）1% 的漂白粉澄清液可以对家具进行消毒。

87.（　　）晨检时保育员应该做好辅助工作。

88.（　　）不主张给婴幼儿化妆。

89.（　　）幼儿鼻子出血时，身体应该前倾。

90.（　　）香蕉可以为婴幼儿提供大量的胡萝卜素。

91.（　　）分发饭菜时给幼儿应少盛菜多盛汤。

92.（　　）有人参观餐室时孩子食欲好。

93.（　　）保育员不应该在吃饭时间解决非进餐有关问题。

94.（　　）保育员应每天定期清洗饮水桶。

95.（　　）幼儿睡眠时，教师应检查他们的衣袋。

96.（　　）对幼儿不正确的姿势进行纠正主要采用批评和惩罚的方法。

97.（　　）在协助教师组织活动的过程中，保育员主要完成教师交办的各项任务。

98.（　　）《幼儿园工作规程》规定，幼儿每日户外活动时间不少于 3 h。

99.（　　）保育工作记录的主要内容是记录本班设备、材料和物品的使用情况、需要维修和更换的设备情况。

100.（　　）幼儿园教师必须进行家庭教育指导。

理论知识考核模拟试卷参考答案

一、单项选择题

1. B	2. B	3. C	4. A	5. D	6. A	7. A	8. A	9. A	10. A
11. C	12. B	13. C	14. A	15. B	16. A	17. A	18. D	19. C	20. D
21. B	22. B	23. D	24. D	25. C	26. A	27. C	28. D	29. C	30. A
31. A	32. A	33. D	34. C	35. A	36. C	37. D	38. D	39. A	40. C
41. B	42. C	43. D	44. A	45. C	46. B	47. D	48. C	49. B	50. C
51. D	52. C	53. A	54. A	55. A	56. D	57. C	58. D	59. A	60. B
61. C	62. B	63. B	64. A	65. A	66. B	67. A	68. C	69. A	70. B
71. C	72. C	73. C	74. C	75. C	76. C	77. D	78. A	79. D	80. C

二、判断题

81. ×	82. ×	83. ×	84. ×	85. ×	86. √	87. √	88. √	89. √	90. ×
91. ×	92. ×	93. √	94. ×	95. √	96. ×	97. ×	98. ×	99. ×	100. √

操作技能考核模拟试卷

注 意 事 项

1. 本职业操作技能考核为笔答。
2. 请首先按要求在试卷的标封处填写您的姓名、准考证号和所在单位的名称。
3. 请仔细阅读各种题目的回答要求,在规定的位置填写您的答案。
4. 不要在试卷上乱写乱画,不要在封标区填写无关内容,不得用红笔、铅笔答题。
5. 考试时间:90 min,考试结束时,考生务必将本卷交给监考人员。

	一	二	总分	评分人
得分				

一、简答题(每题10分,共40分)

1. 简述进餐精神环境的创设有哪些方面内容。(10分)

2. 简述幼儿园常用的消毒方法。(10分)

3. 组织室内教育活动前,保育员应完成哪些准备工作?(10分)

4. 简述午睡起床后组织幼儿参与整理寝室的工作步骤和步法。(10分)

二、案例分析题(每题12分,共60分)

1. 观看案例演示片3遍,指出保育员在晨间准备工作中出现的工作失误(至少2处),并说明正确做法。(12分)

2. 观看案例演示片 3 遍，指出保育员在组织幼儿饮水工作中出现的工作失误（至少 2 处），并说明正确做法。（12 分）

3. 观看案例演示片 3 遍，指出保育员在组织幼儿吃午点环节出现的工作失误（至少 2 处），并说明正确做法。（12 分）

4. 请分析案例中保育员做法的不当之处，并说说如何正确处理幼儿皮肤擦伤。（12 分）

阳阳在幼儿园户外活动时不小心摔了一跤，膝盖被擦破流血，伤口周围还有一些泥土。保育员将阳阳带到盥洗室,用脸盆里的水给阳阳清洗伤口,之后给阳阳的膝盖包了一块手绢。

5. 请分析案例中保育员做法的错误之处,并说出正确做法。(12分)

园里要检查班级的卫生了。午睡时,保育员何老师一边大声督促孩子们闭上眼睛、好好睡觉,一边用水桶取来水倒在地上,认认真真地对寝室地面进行了全方位的擦洗。

操作技能考核模拟试卷参考答案

一、简答题（每题10分，共40分）

1. 简述进餐精神环境的创设有哪些方面内容。（10分）

（1）保持餐室安静或轻声地播放轻松的音乐。（2分）

（2）保育员应态度和蔼、亲切、周到地照顾幼儿进餐。（2分）

（3）不转移幼儿进餐的注意力，避免影响其食欲。（2分）

（4）不催促幼儿进食。（1分）

（5）不批评幼儿，不利用进餐时间解决非进餐有关问题。（1分）

（6）不引起幼儿过度兴奋。不宜在幼儿进餐时讲故事、大声聊天，或允许幼儿在进餐时大声交谈。（2分）

2. 简述幼儿园常用的消毒方法。（10分）

（1）煮沸法（2分）

煮沸法是最简便有效的方法。被消毒的物品需全部浸入水中，水开后煮15~20 min。取出后妥善保管，防止污染。（0.5分）

（2）蒸汽消毒法（2分）

将耐热物品放入蒸汽消毒柜，蒸40 min，灭菌效果极佳。（0.5分）

（3）日晒法（2分）

利用紫外线消毒灭菌。在阳光下暴晒3~6 h可将物品表面的病原体杀死，如流行性感冒、百日咳、流行性脑脊髓膜炎、麻疹等病原体，在阳光直射下会很快死掉。适用于日晒的物品有衣服、被褥、书籍、玩具等。（0.5分）

（4）化学消毒法（2分）

使用安全的化学消毒剂进行消毒。常用的化学消毒剂有煤酚皂溶液、石灰、

漂白粉、氯亚明、过氧乙酸、新洁尔灭等。（0.5分）

3. 组织室内教育活动前，保育员应完成哪些准备工作？（10分）

（1）了解本周的周教育目标及每日教育活动的目标，根据目标做好前期准备。（2分）

（2）根据每种教育活动的不同要求，与教师和幼儿共同设计和布置活动的场地，摆放设备、桌椅。（2分）

（3）做好玩教具、工具、材料、物品、图片等必需品的准备工作。（2分）

（4）根据活动需要和教师的要求将玩教具和所需材料摆放到指定位置上。（2分）

（5）与教师共同做好室内教育活动前的精神准备。（2分）

4. 简述午睡起床后组织幼儿参与整理寝室的工作步骤和方法。（10分）

（1）照顾幼儿起床

唤醒前拉开窗帘。（1分）

温柔地唤醒幼儿。（1分）

指导幼儿独立穿衣或给予帮助。（0.5分）

提醒小便，提醒洗手及饮水。（0.5分）

（2）开窗通风

幼儿穿好衣服后开窗通风。（2分）

（3）晾被方法

翻被，平铺在床上。（1分）

晾被 10 min。（1分）

（4）叠被方法

被子叠放整齐方正。（1分）

保育员给小班幼儿叠被，指导中大班幼儿叠被。（2分）

二、案例分析题（每题12分，共60分）

1. 观看案例演示片3遍，指出保育员在晨间准备工作中出现的工作失误（至少2处），并说明正确做法。（12分）

答案及评分标准：答出任意2处错误得6分，说明正确做法得6分。

（1）工作失误1：墩布没有按类悬挂，比较零乱地堆放在水池里。（3分）

正确做法：室内物品要摆放整齐，墩布贴好标识悬挂晾干。（3分）

（2）工作失误2：牙刷牙杯摆放零乱。（3分）

正确做法：牙刷头应朝向一致，牙杯把手应朝外、并摆放一致。（3分）

（3）工作失误3：肥皂、洗手液的数量与水龙头的数量不相同或隔一个水龙头放置。（3分）

正确做法：肥皂、洗手液的数量与水龙头一一对应。（3分）

（4）工作失误4：保育员未充分准备饮用水，饮水桶里水量不足，仅有半桶水。（3分）

正确做法：要保证饮水桶内水量充足。（3分）

（5）工作失误5：暖气罩上有杂物，不整洁。（3分）

正确做法：室内物品要摆放整齐。（3分）

（6）工作失误6：保育员为幼儿冲盐水，放入好几勺盐，并直接用水杯从饮水桶内盛水，很不规范。（3分）

正确做法：饮水桶应密闭。为幼儿冲淡盐水，应按标准冲配，不能从饮水桶中直接盛水。（3分）

（7）工作失误7：为幼儿摆好牙刷，但手捏牙刷头。（3分）

正确做法：摆放牙刷要捏住牙刷柄。（3分）

2. 观看案例演示片3遍，指出保育员在组织幼儿饮水工作中出现的工作失误（至少2处），并说明正确做法。（12分）

答案及评分标准：答出任意2处错误得6分，答出正确做法得6分。

（1）工作失误1：幼儿接水时过满或过少，保育员没有指导，也没有关注。（3分）

正确做法：幼儿接水时保育员要关注，提示幼儿接适量的水。（3分）

（2）工作失误2：水温过高，幼儿喝不了，保育员准备工作不够细致周到。（3分）

正确做法：注意幼儿饮用水水温，保证适宜幼儿饮用。（3分）

（3）工作失误3：有幼儿一边喝水一边玩、碰杯，保育员没有看到。（3分）

正确做法：幼儿喝水时要给予关注，提示幼儿不能边喝边玩，更不能互相碰杯，影响别人。（3分）

（4）工作失误4：某幼儿打翻水杯水洒出来，保育员直接批评幼儿，忽视了教育。（3分）

正确做法：幼儿水杯打翻，保育员可借此教育契机指导幼儿学习收拾整理，并给予提示。（3分）

（5）工作失误5：一些幼儿不爱喝水，悄悄把水倒掉，保育员未加注意。（3分）

正确做法：对于不爱喝水的幼儿，保育员要给予个别关注，保证幼儿饮水量。（3分）

3. 观看案例演示片3遍，指出保育员在组织幼儿吃午点环节出现的工作失误（至少2处），并说明正确做法。（12分）

答案及评分标准：答出任意2处错误得6分，答出正确做法得6分。

（1）工作失误1：孩子们还未吃完午点，保育员就做课前准备将手工剪刀摆到桌上。（3分）

正确做法：保育员应等待孩子们吃完午点再摆放活动用的玩、教具，避免影响幼儿专注吃午点。（3分）

（2）工作失误2：有一幼儿在喝酸奶时玩剪刀，有潜在的危险，保育员只是简单地指责一句，没有提要求和进行检查，没有向幼儿讲明原因。（3分）

正确做法：对于幼儿出现的危险的行为，要及时制止，同时对幼儿进行安全教育。（3分）

（3）工作失误3：有的幼儿边吃酸奶边玩，有的幼儿舔着喝不卫生，有的幼儿在桌上玩吸管，不卫生。保育员没有关注，也没有提要求和进行检查。（3分）

正确做法：保育员应该关注幼儿喝酸奶时的表现，提示幼儿不要边喝边玩；注意卫生，对于不卫生的行为要及时提示给予指导。（3分）

4. 请分析案例中保育员做法的不当之处，并说说如何正确处理幼儿皮肤擦伤。（12分）

阳阳在幼儿园户外活动时不小心摔了一跤,膝盖被擦破流血,伤口周围还有一些泥土。保育员将阳阳带到盥洗室,用脸盆里的水给阳阳清洗伤口,之后给阳阳的膝盖包了一块手绢。保育员哪里做错了?

错误做法:

(1)用脸盆里的水给阳阳清洗伤口。(2分)

(2)给阳阳的膝盖包了一块手绢。(1分)

处理幼儿皮肤擦伤的正确方法:

(1)先观察伤口的深浅。(2分)

(2)若仅蹭破了表皮,只需将伤口处的泥沙清理干净即可。(2分)

(3)若伤口较深,有出血,则应该用自来水或生理盐水清洁伤口,并用碘伏消毒伤口。(4分)

(4)无需包扎。(1分)

5. 请分析案例中保育员做法的错误之处,并说出正确做法。(12分)

园里要检查班级的卫生了。午睡时,保育员何老师一边大声督促孩子们闭上眼睛,好好睡觉,一边用水桶取来水倒在地上,认认真真地对寝室地面进行了全方位的擦洗。

错误做法:

(1)清洁时间不对。(1分)

(2)清洁方法不对。(1分)

(3)大声说话不对。(1分)

正确做法:

(1)应等幼儿起床后或在睡前做清洁。(3分)

(2)不应用水冲擦,而应用半干的拖把清洁地面。(3分)

(3)组织幼儿睡眠,应动作、声音轻柔,避免大呼小叫。(3分)